마이크로 파이썬으로 만드는 스마트 자동차

마이크로 파이썬으로 만드는 스마트 자동차

장문철 | 지음

발행 | 2025년 02월 20일
지은이 | 장문철
펴낸이 | 안재민
펴낸곳 | 먼슬리북스
출판신고 | 경기도 시흥시 은행로 169 203호
전화 | 070-7704-5662
이메일 | monthlybooks@daum.net

ISBN | 979-11-990931-1-9
값 22,000원

※잘못된 책은 구입하신 서점에서 교환해 드립니다.
※이 책은 저작권법에 따라 보호를 받는 저작물이므로 전재와 무단 복제를 금지합니다.

작가의 말

오늘날 기술은 우리의 일상 속에서 점점 더 중요한 역할을 하고 있으며, 그중에서도 스마트 자동차는 단순한 이동 수단을 넘어 다양한 가능성을 제공하고 있습니다. 이 책은 마이크로파이썬을 활용해 스마트 자동차를 직접 조립하고 프로그래밍하는 과정을 통해 독자들이 이 혁신적인 기술을 쉽게 접하고, 스스로 구현할 수 있도록 돕는 실용적인 가이드입니다.

책의 첫 부분에서는 스마트 자동차를 만들기 위해 필요한 기본적인 단계들을 다룹니다. 자동차 조립 방법과 개발 환경 설정부터 시작해, LED, 부저, 버튼 등 기본적인 부품들을 프로그래밍하는 방법을 설명합니다. 이를 통해 독자들은 프로그래밍의 기초와 하드웨어 제어에 대한 이해를 쌓을 수 있습니다.

다음으로, 라인 센서, 조도 센서, 초음파 센서 등 다양한 응용 기술을 배우며 스마트 자동차의 기능을 점차 확장해 나갑니다. 이후에는 센서를 활용한 창의적인 프로젝트와 블루투스, Wi-Fi, 웹서버 등 다양한 통신 기술을 접목해 스마트 자동차를 더욱 강력하고 실용적으로 만들어 봅니다. 마지막으로, 라인트레이서나 초음파를 이용한 자율주행 자동차 구현 등 심화된 기술을 통해 독자들이 실제로 작동하는 자율주행 자동차를 완성할 수 있도록 안내합니다.

이 책을 통해 독자 여러분이 단순히 기술을 배우는 데서 그치지 않고, 창의력과 상상력을 발휘해 자신만의 독창적인 자동차 프로젝트를 완성할 수 있기를 바랍니다. 프로그래밍과 하드웨어의 융합에서 오는 성취감과 재미를 느끼며, 새로운 기술의 세계로 한 걸음 나아가는 계기가 되기를 진심으로 응원합니다.

마지막으로, 이 책이 세상에 나오기까지 함께해 주신 모든 분들께 감사의 말씀을 전합니다. 독자 여러분의 멋진 프로젝트와 성장을 진심으로 기대하며, 앞으로 펼쳐질 여러분의 창의적인 여정을 응원합니다.

저자 장문철

독자지원센터

저자블로그

아래 저자가 운영하는 블로그주소에 접속하여 라이브러리 또는 소스코드를 다운로드 할 수 있습니다.

https://munjjac.tistory.com/27

출판사 네이버카페

출판사에서 운영하는 네이버카페 [먼슬리북스] 사이트에 접속하여 [자료실(책 자료실)]에 접속하여 관련된 책 자료의 다운로드를 할 수 있습니다.

https://cafe.naver.com/monthlybooks

강의문의 및 제품구매

강의문의

저자가 운영하는 [다두이노 스쿨] 사이트를 통해 파이썬, 아두이노, 라즈베리파이, 자율주행자동차 등 다양한 강의를 의뢰할 수 있습니다. 아래 사이트에 접속 후 [강의요청] 을 통해 강의의 의뢰가 가능합니다.

https://daduino.modoo.at/

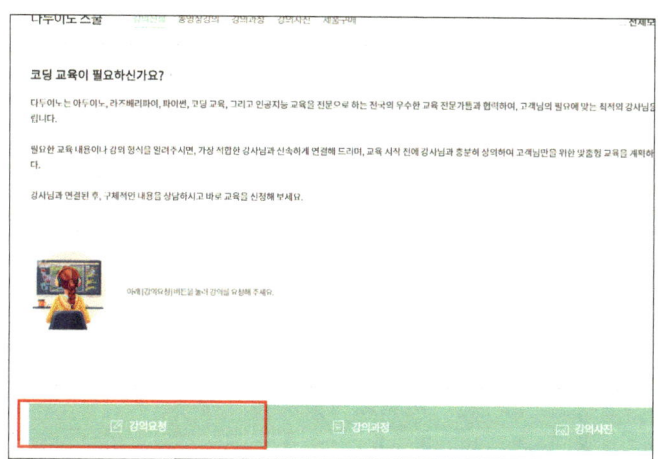

제품구매 방법

이책에서 사용하는 키트는 www.daduino.co.kr 사이트에 접속 합니다.

다두이노 사이트에서 "**파이썬 자동차**" 을 검색 후

[마이크로 파이썬으로 만드는 스마트 자동차 키트] 제품의 구매가 가능합니다.

목차

Chapter1 시작하기

파이썬 시작하기 -- 15
자동차 조립하기 -- 18
개발 환경 구성하기 --- 28
Thonny IDE 설치 --- 28
마이크로파이썬 업로드 --- 34

Chapter2 기본기능 다루기

LED 제어하기 -- 43

2-1-1. 하나의 LED 깜빡이기 --- 43
2-1-2. 여러 개의 LED 깜빡이기 --- 45
2-1-3. 안전하게 프로그램 종료하기 ------------------------------------ 47
2-1-4. on(), off()를 이용해서 LED 제어하기 --------------------------- 49
2-1-5. 여러 개의 LED 순차적으로 켜기 -------------------------------- 51
2-1-6. main.py파일로 마이크로파이썬 장치에 저장하기 ------------- 53

RGB LED 제어하기 --56

2-2-1. RGB LED를 순차적으로 제어하기 ----------------------------56

2-2-2. RGB LED의 빨간색 밝기 조절하기 ----------------------------58

2-2-3. RGB LED의 흰색 밝기 조절하기 ------------------------------60

2-2-4. RGB LED로 무지개 색상 표현하기 ----------------------------63

2-2-5. for문을 이용해서 RGB LED로 무지개 색상 표현하기 ------------66

부저 --68

2-3-1. 도레미파솔라시도 출력하기 ---------------------------------68

2-3-2. for문을 이용해서 코드 줄이기 ------------------------------70

2-3-3. 함수 만들어 사용하기 -------------------------------------72

버튼 --75

2-4-1. 버튼 입력받기 ---75

2-4-2. 버튼을 누를 때만 출력하기 ---------------------------------77

2-4-3. 버튼을 누를 때만 출력하기 2 -------------------------------79

2-4-4. 버튼을 확인하는 코드를 함수로 만들기 -----------------------80

2-4-5. 여러 개의 버튼을 함수로 만들기 ----------------------------82

2-4-6. 버튼 클래스 만들기 ---------------------------------------84

2-4-7. 버튼 클래스 활용하기 -------------------------------------86

목차

Chapter3 응용기능 다루기

적외선 라인센서 --- 89

3-1-1. 적외선 라인센서 값 읽기 --- 89

3-1-2. time. sleep() 사용하지 않고 일정 시간마다 동작하기 ----------------- 92

3-1-3. 0.01초마다 값 읽어 출력하기 --------------------------------------- 94

조도센서 --- 96

3-2-1. 아날로그 입력으로 조도 센서값 읽기 ------------------------------- 96

3-2-2. 전압으로 조도 센서값 읽기 -- 99

3-2-3. 16비트로 조도 센서값 읽기 --------------------------------------- 100

3-2-4. 왼쪽, 오른쪽 두 개의 조도 센서값 읽기 -------------------------- 101

모터 --- 103

3-3-1. 왼쪽 모터 속도 제어하기 --- 103

3-3-2. 왼쪽 모터 방향 제어하기 --- 106

3-3-3. 양쪽 모터 방향 확인하기 --- 108

3-3-4. 양쪽 모터 방향 제어하기 --- 110

3-3-5. 자동차의 이동 방향 속도제어 함수 만들어 사용하기 ---------------- 113

초음파센서 ---116

- 3-4-1. 초음파센서로 거리 측정하기 --------------------------------116
- 3-4-2. timeout을 설정하여 응답성 높이기 ---------------------------118
- 3-4-3. 거리 에러 처리하기 --119

네오픽셀 --122

- 3-5-1. 네오픽셀 LED 밝기 조절하기 --------------------------------122
- 3-5-2. 네오픽셀 LED 색상 조절하기 --------------------------------124
- 3-5-3. 네오픽셀 LED 여러 개 제어하기 ----------------------------125
- 3-5-4. for문 사용해서 코드 간략화하기 ----------------------------127
- 3-5-5. 다양한 색상 표현하기 -------------------------------------128

타이머, 인터럽트 --130

- 3-6-1. 타이머 사용해서 주기적으로 코드 실행하기 ---------------------130
- 3-6-2. 타이머를 사용해서 5번만 실행하기 --------------------------132
- 3-6-3. 외부인터럽트 사용해서 버튼 확인하기 ------------------------133
- 3-6-4. 여러 개의 버튼 인터럽트로 확인하기 -------------------------134

쓰레드 --137

- 3-7-1. 쓰레드 사용하기 --137

목차

Chapter4 다양한 작품 만들기

어두워지면 자동으로 켜지는 LED 만들기 — 141
4-1-1. 조도 센서값 확인하기 — 141
4-1-2. 조도 센서값에 따른 조건 설정하기 — 143
4-1-3. 어두워지면 자동으로 켜지는 LED 만들기 — 145

초음파센서를 이용한 피아노 만들기 — 147
4-2-1. 초음파센서를 이용해서 거리측정하기 — 147
4-2-2. 거리에 따른 조건 설정하기 — 149
4-2-3. 조건에 부저추가하여 피아노 완성하기 — 151

초음파센서 거리표시기 만들기 — 153
4-3-1. 네오픽셀 LED 4개를 이용하여 0~100% 표시하기 — 153
4-3-2. 초음파센서 거리 측정하여 0~100%로 환산하기 — 155
4-3-3. 초음파센서 거리를 LED에 표시하여 측정기 완성하기 — 157

근접 센서 알리미 만들기 — 160
4-4-1. 근접 센서값 확인하기 — 160
4-4-2. 부저를 이용해서 알림음 구현하기 — 162
4-4-3. 근접 센서값에 따라서 알림 구현하기 — 164

Chapter5 통신 활용하기

블루투스 통신 -- 167
5-1-1. 블루투스 통신으로 값 전송하기 ----------------------------- 167
5-1-2. 블루투스 통신으로 값 수신받기 ----------------------------- 173
5-1-3. 블루투스 통신으로 값 수신받아 조건 설정하기 -------------- 177
5-1-4. 블루투스 통신으로 값 수신받아 RGB LED 색상 제어하기 ------ 180

블루투스 통신 조종 자동차 만들기 ------------------------------ 185
5-2-1. 자동차 움직임 구현하기 ----------------------------------- 185
5-2-2. 블루투스 통신으로 조종 신호 조건 설정하기 ---------------- 189
5-2-3. 블루투스 통신 조종 자동차 만들기 ------------------------- 193
Tip. main.py로 저장해서 코드 자동 실행하기 ---------------------- 197

WIFI 통신 -- 200
5-3-1. WIFI 스캔을 통해 주변 WIFI 찾기 -------------------------- 200
5-3-2. WIFI 연결하기 -- 202
5-3-3. 고정 IP 설정하기 --- 204
5-3-4. WIFI AP 모드로 사용하기 ---------------------------------- 206

목차

웹서버 만들기 --- 208
5-4-1. 웹서버 버튼 만들기 -- 208
5-4-2. 버튼으로 LED 제어하기 ------------------------------------ 212

웹서버로 제어하는 자동차 ------------------------------------- 217
5-5-1. 웹서버 자동차 버튼 기능 구현하기 ------------------------- 217
5-5-2. 버튼을 눌러 자동차 조종하기 ------------------------------ 222

Chapter6 다양한 자율주행 구현하기

라인트레이서 만들기 ---------- 229
- 트랙 만들기 ---------- 229
- 6-1-1. 라인센서 값 받기 ---------- 233
- 6-1-2. 센서값에 따른 조건 설정하기 ---------- 237
- 6-1-3. 자동차 움직임 추가하여 라인트레이서 완성하기 ---------- 241

빛을 따라가는 자동차 만들기 ---------- 244
- 6-2-1. 왼쪽, 오른쪽 CDS 조도 센서값 확인하기 ---------- 244
- 6-2-2. 왼쪽, 오른쪽 CDS 조도 센서 offset 제거하기 ---------- 248
- 6-2-3. 왼쪽, 오른쪽 센서의 값에 따라서 이동 방향 결정하기 ---------- 252
- 6-2-4. 자동차 움직여 빛을 따라가는 자동차 완성하기 ---------- 257

초음파 자율주행 자동차 만들기 ---------- 260
- 6-3-2. 거릿값에 따라서 조건 설정하기 ---------- 262
- 6-3-3. 자동차 움직여 초음파 자율주행 자동차 만들기 ---------- 264

CHAPTER 01

시작하기

기본적인 디지털 입출력 기능을 구현하는 방법을 배워봅니다. LED 제어부터 RGB LED와 부저, 그리고 버튼 입력까지 다양한 실습을 통해 디지털 장치를 다루는 기초를 다질 것입니다.

1-1
파이썬 시작하기

파이썬 개요 및 특징:

〈파이썬 로고〉

파이썬은 1991년에 Guido van Rossum이 개발한 고급 프로그래밍 언어로, 간결하고 읽기 쉬운 문법을 가지고 있으며, 다양한 운영 체제에서 사용할 수 있습니다. 파이썬의 주요 특징은 다음과 같습니다:

- 간결한 문법: 파이썬은 들여쓰기를 통해 코드 블록을 정의하며, 이로 인해 가독성이 좋습니다.
- 다양한 라이브러리와 모듈: 파이썬은 다양한 라이브러리와 모듈을 포함하고 있어, 다양한 작업을 수행하기 위한 도구가 풍부하게 제공됩니다.
- 크로스 플랫폼 지원: 파이썬은 다양한 운영 체제에서 동작하므로 이식성이 뛰어납니다.
- 동적 타이핑: 변수의 데이터 타입을 런타임에 결정하므로 유연한 프로그래밍이 가능합니다.

마이크로파이썬 개요 및 특징:

〈파이크로 파이썬 로고〉

마이크로파이썬(MicroPython)은 파이썬 프로그래밍 언어를 기반으로 한 작은 규모의 파이썬 인터프리터입니다. 주요 특징은 다음과 같습니다:

 - 임베디드 시스템 지원: 마이크로파이썬은 주로 임베디드 시스템, 마이크로컨트롤러, IoT 디바이스 등의 작고 제한된 자원을 가진 환경에서 사용됩니다.

 - 소형 크기: 마이크로파이썬은 작고 경량화된 인터프리터로, 메모리와 저장 공간을 효율적으로 사용합니다.

 - 하드웨어 제어: 마이크로파이썬을 사용하여 하드웨어를 제어하고 센서와 액추에이터를 다룰 수 있으며, 이로 인해 IoT 개발에 유용합니다.

 - 파이썬 호환성: 마이크로파이썬은 파이썬 3.x 버전의 문법과 라이브러리를 기반으로 하며, 파이썬 개발자들이 비교적 쉽게 사용할 수 있습니다.

3. 파이썬과 마이크로파이썬 차이:
   - 용도: 파이썬은 범용 프로그래밍 언어로 다양한 분야에서 사용됩니다. 반면에 마이크로파이썬은 주로 임베디드 시스템과 IoT 디바이스에서 사용되며, 하드웨어 제어에 특화되어 있습니다.
   - 크기와 성능: 파이썬은 상대적으로 큰 인터프리터이고, 메모리와 저장 공간을 많이 사용합니다. 마이크로파이썬은 소형 크기로 최적화되어 자원 제약이 있는 환경에서 사용하기에 적합합니다.
   - 라이브러리: 파이썬은 다양한 라이브러리와 모듈을 제공하며, 범용적으로 활용 가능합니다. 마이크로파이썬은 하드웨어 관련 라이브러리와 모듈이 강조됩니다.
   - 생태계: 파이썬은 넓은 개발자 커뮤니티와 풍부한 문서화, 지원을 가지고 있습니다. 마이크로파이썬은 상대적으로 작은 생태계를 가지고 있지만, IoT 개발자들 사이에서는 인기가 있습니다.

이러한 차이로 인해 파이썬과 마이크로파이썬은 서로 다른 용도와 환경에서 사용됩니다. 파이썬은 범용 프로그래밍 언어로 다양한 분야에서 활용되는 반면, 마이크로파이썬은 제한된 자원을 가진 임베디드 시스템과 IoT 디바이스에서 하드웨어 제어를 위해 사용됩니다.

1-2 자동차 조립하기

01 아래의 물품과 수량을 확인합니다.

[물품 표]

번호	이름	수량
1	앞바퀴 고정 볼트,너트	2
2	볼베어링	1
3	앞바퀴 지지대	1
4	바퀴	2
5	배터리 18650	1
6	USB 케이블	1
7	자동차 베이스보드	1
8	모터	2
9	ESP32 보드	1
10	초음파센서	1
11	바퀴 지지대 세트	2
12	+,- 변신드라이버	1

02 앞바퀴 역할을 하는 볼베어링을 조립합니다.

자동차바디, 앞바퀴 지지대, 볼베어링, 앞바퀴 고정 볼트 2개, 너트 2개를 준비합니다.

03 볼베어링에 연결되어 있던 볼트 2개를 풀어줍니다. 볼트를 풀면 판이 분리되기 때문에 판이 분리되지 않도록 조심히 풀어줍니다.

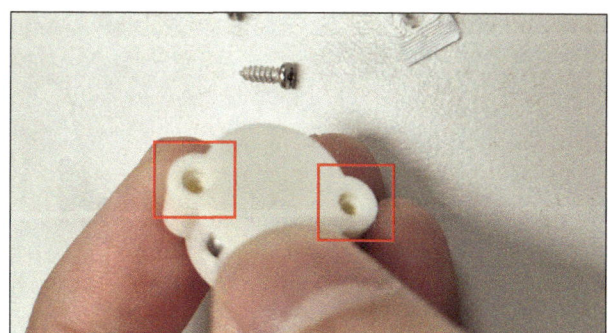

04 앞바퀴 지지대와 볼베어링을 풀어둔 볼트를 이용하여 아래와 같이 다시 조립합니다. 앞바퀴 지지대의 간격이 맞는 부품을 찾아 조립합니다.

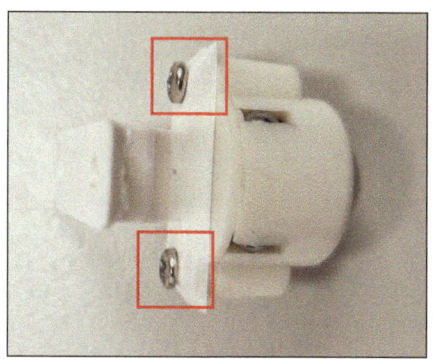

05 조립된 볼베어링 부품과 자동차바디를 연결하기 위해 볼트와 너트를 준비합니다.

06 아래의 위치에 볼트와 너트를 이용하여 앞바퀴를 고정합니다.

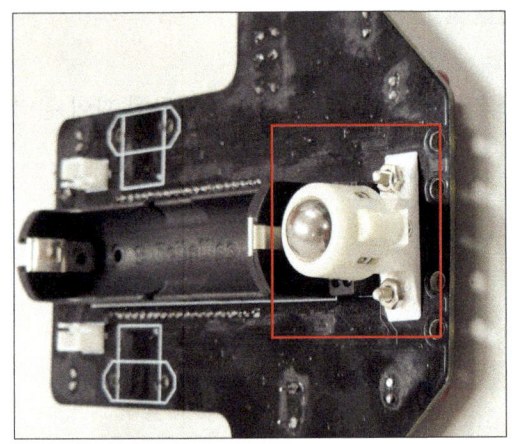

07 위에서 조립된 앞바퀴 볼트의 위치입니다.

08 모터를 조립하기 위해 모터 2개, 모터 지지대 2세트를 준비합니다.

09 흰색 모터 지지대에 너트를 넣습니다. 손으로 넣기에 힘이 들어 드라이버를 일자로 변경한 다음 힘을 주어 너트를 밀어 넣습니다.

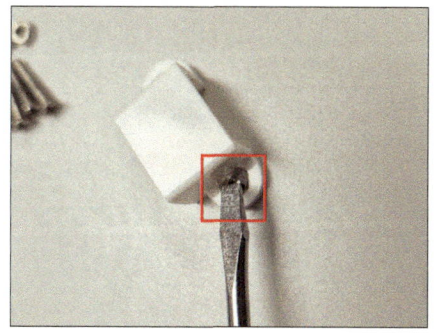

10 2개의 모터 지지대에 너트를 모두 넣었습니다.

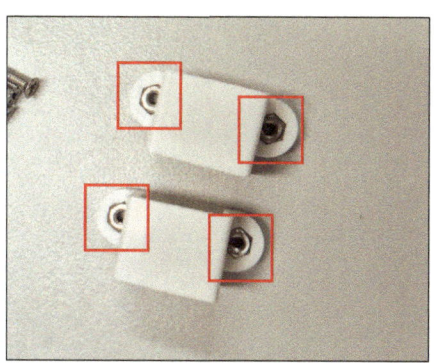

11 모터 지지대를 손으로 잡은 상태로 볼트를 돌려 모터 지지대를 고정합니다. 볼트는 끝까지 넣지 않고 반 정도 넣습니다. 모터를 넣기 위해서 모터 지지대가 움직일 정도만 고정합니다.

12 볼트를 반 정도만 고정합니다.

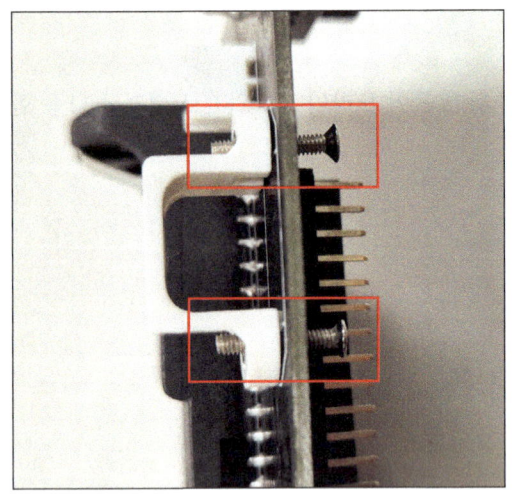

13 모터를 모터 지지대 안으로 넣습니다. 모터는 왼쪽 오른쪽 같은 모터입니다.

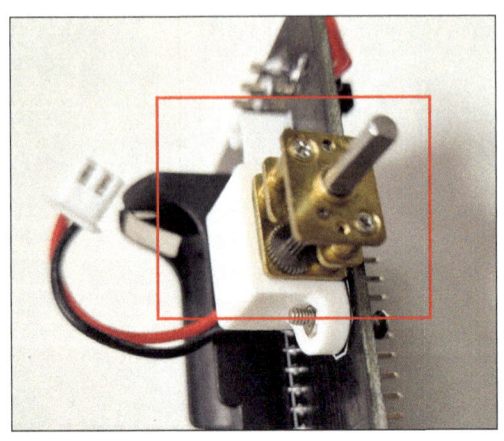

14 모터를 아래와 같이 넣은 다음 볼트를 꽉 조여 모터를 고정합니다.

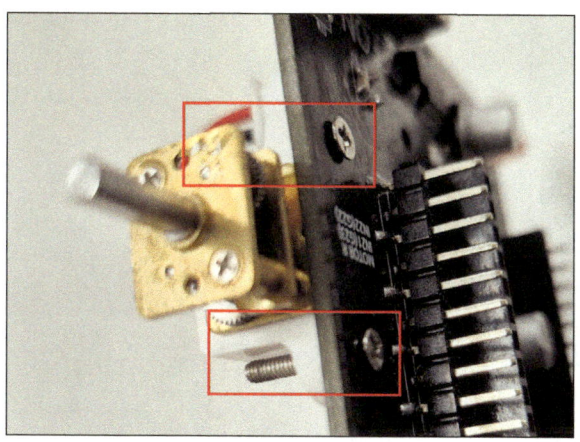

15 모터에서 나온 커넥터를 아래와 같이 모터 옆의 커넥터와 연결합니다.

16 나머지 하나의 모터도 같은 방식으로 조립을 완료합니다.

17 위에서 바라보았을 때 조립된 모터의 모습입니다.

18 바퀴를 준비합니다.

19 바퀴의 홈과 모터의 홈 위치를 맞추어 끼워 넣어 조립합니다.

20 바퀴 2개의 조립이 완료되었습니다.

21 초음파센서와, ESP32 보드를 준비합니다.

22 초음파센서와 ESP32보드를 아래와 같이 커넥터에 연결합니다. ESP32는 USB가 바깥쪽으로 가도록 방향을 맞추어 조립합니다.

23 배터리를 준비합니다. 배터리 커넥터는 자동차의 아래쪽에 위치합니다.

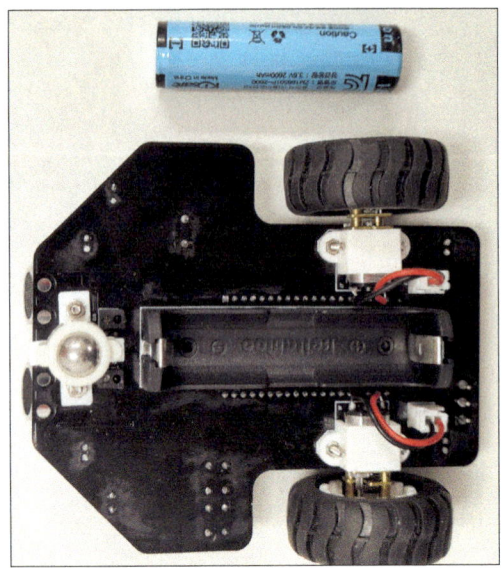

24 -극성부터 조립합니다. 커넥터 안쪽의 - 표시와 배터리의 -표시를 확인합니다.

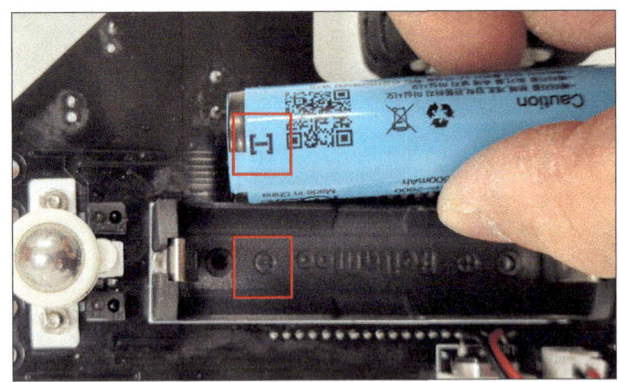

25 -극성부터 배터리를 넣습니다.

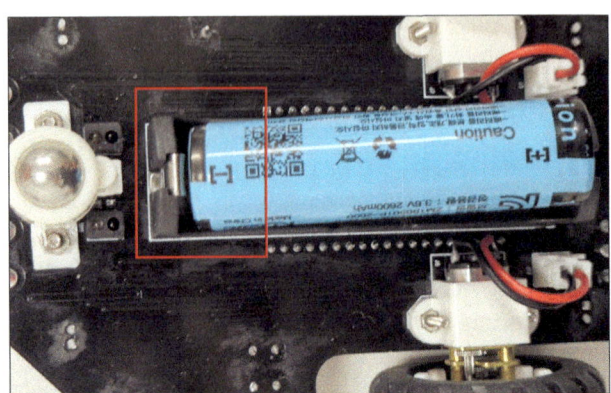

26 배터리의 +쪽을 눌러 배터리 커넥터에 넣어 조립을 완료합니다.

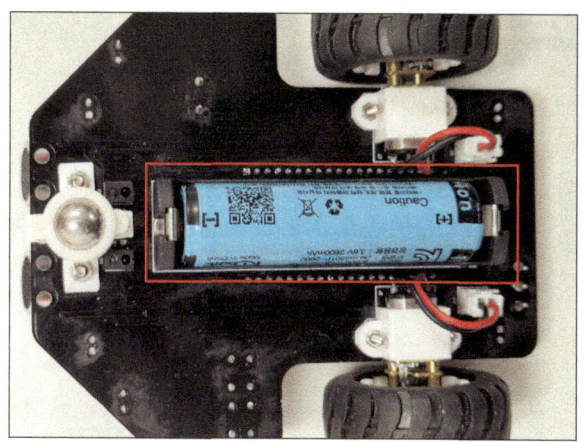

27 자동차의 조립이 완료되었습니다.

28 ESP32보드에 USB 케이블을 이용하여 배터리의 충전 및 PC와 프로그램을 할 수 있습니다.

1-3 개발 환경 구성하기

자동차에 마이크로 파이썬 코드를 실행하기 위해서 PC 프로그램을 설치하여 진행합니다.

Thonny IDE 설치

01 구글에서 thonny를 검색 후 Thonny 사이트에 접속합니다.

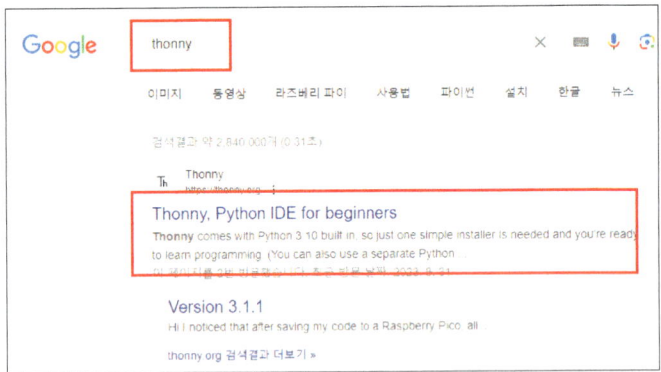

02 [Windows] 부분에 마우스를 이동합니다.

03 Thonny의 설치파일을 내려받습니다. 64bit 설치 버전으로 내려받아 진행합니다. 버전은 다운로드 시점의 최신버전을 내려받습니다.

04 내려받게 된 파일을 더블클릭하여 설치를 진행합니다. 버전은 다운로드 시점의 최신버전을 내려받습니다.

thonny-4.1.2.exe

05 Install for me only를 클릭하여 설치를 진행합니다.

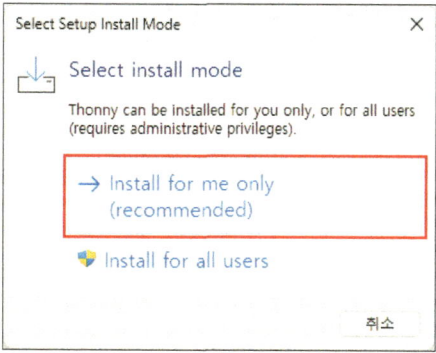

06 [Next]를 클릭하여 계속 진행합니다.

07 [Next]를 클릭하여 계속 진행합니다.

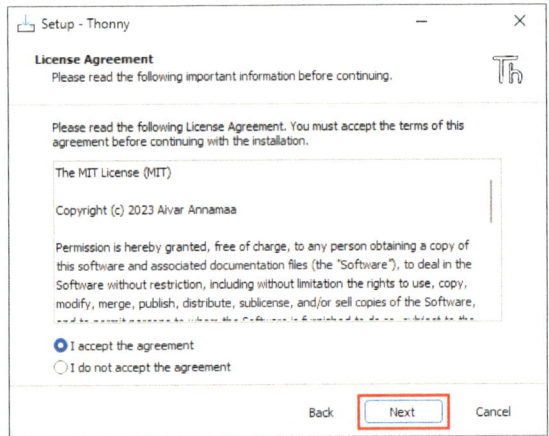

08 [Next]를 클릭하여 계속 진행합니다. 설치되는 폴더의 위치입니다. 변경하지 않습니다.

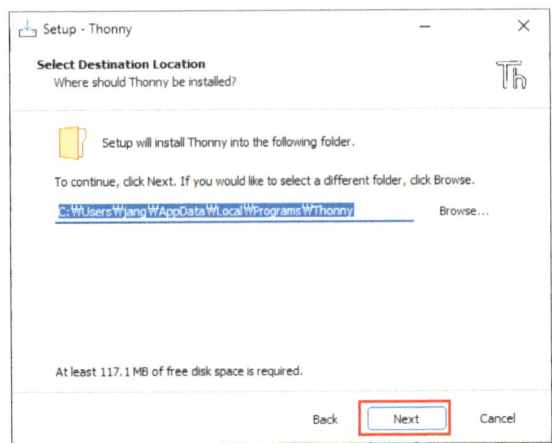

09 [Next]를 클릭하여 계속 진행합니다.

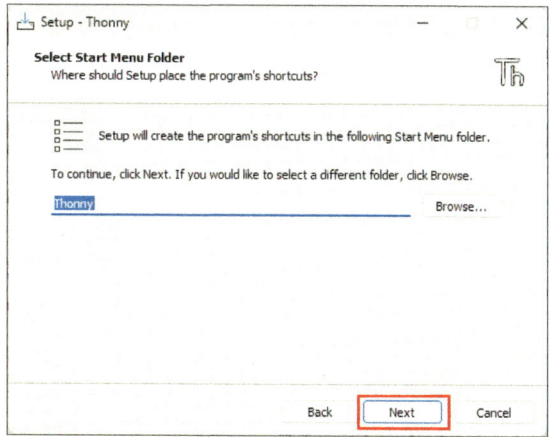

10 [Next]를 클릭하여 계속 진행합니다. 바탕화면에 아이콘을 만든 옵션으로 체크하여도 무방합니다.

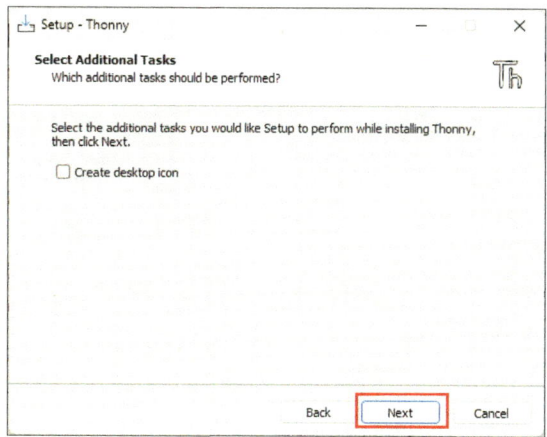

11 [Install]을 클릭하여 설치합니다.

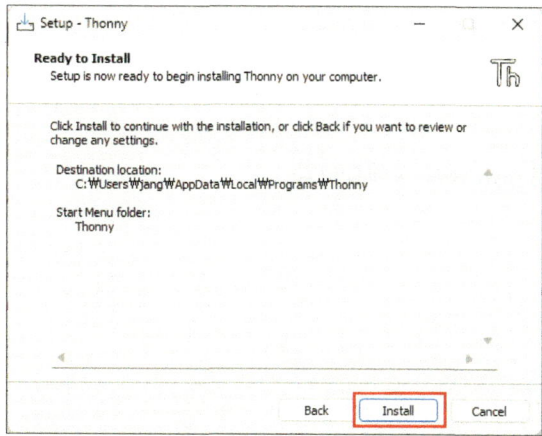

12 [Finish]를 클릭하여 설치를 완료합니다.

13 바탕화면에 아이콘이 없다면 [검색]에서 thonny를 검색 후 앱을 실행합니다.

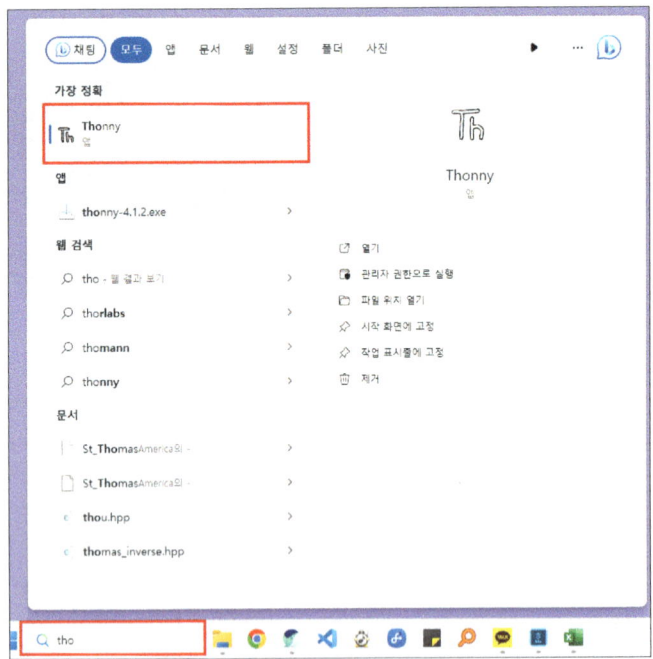

14 언어를 [한국어]로 변경 후 [Lets go]를 클릭하여 Thonny를 실행합니다.

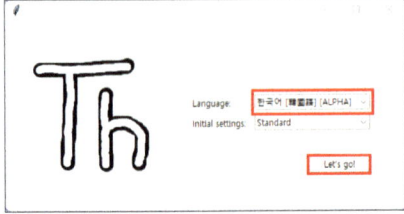

15 파이썬 코드를 작성할 수 있는 Thonny가 실행되었습니다.

16 영어로 설정하였다면 아래의 [도구 Tool] -> [옵션 option] 에 접속합니다.

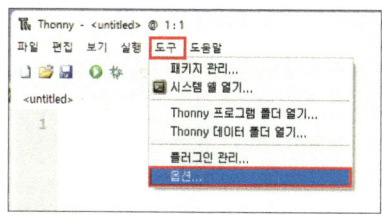

17 [언어 Language]를 한국어로 변경 후[확인 OK]를 눌러 언어를 한국어로 변경합니다.

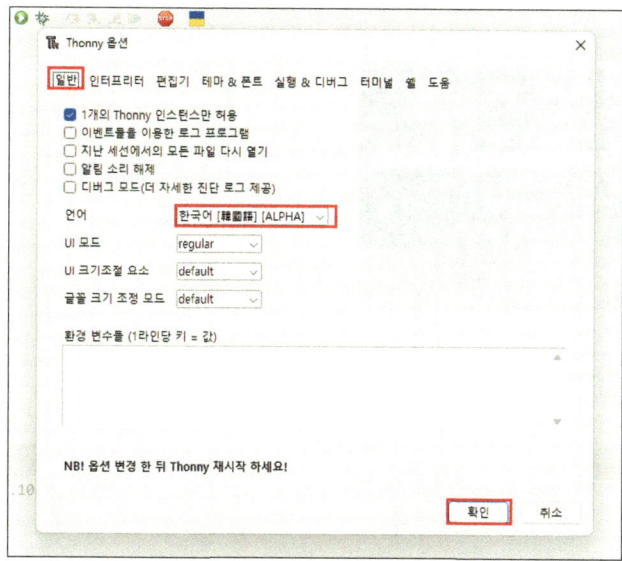

Thonny IDE의 설치와 한글 설정을 완료하였습니다.

마이크로파이썬 업로드

01 자동차와 Thonny를 연결해 보도록 합니다. 자동차를 USB 케이블을 이용하여 PC와 연결합니다.

02 USB 드라이버를 설치하기 위해서 구글에서 ch340 driver를 검색 후 아래 [Gogo Tronics]사이트에 접속합니다. [Gogo Tronics] 사이트의 검색 순서는 변경될 수 있으니 찾아서 접속합니다.

03 CH340 Driver를 클릭하여 내려받습니다.

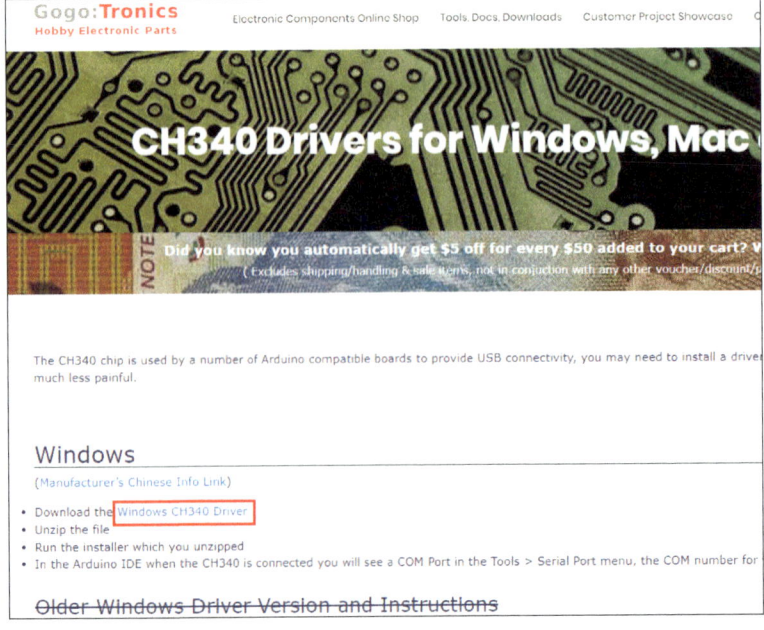

04 다운로드 파일의 압축을 풀고 설치파일을 실행합니다.

05 [INSTALL]을 클릭하여 설치를 진행합니다.

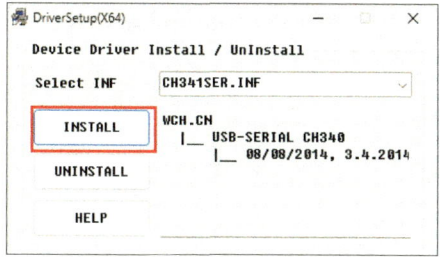

05 설치가 완료되었습니다. 에러가 발생한다면 자동차와 USB 케이블을 다시 연결한 다음 진행합니다.

07 설치가 잘되었는지 확인하기 위해서 윈도우의 검색에서 "장치"를 검색 후[장치 관리자]를 클릭합니다.

08 포트 부분을 클릭하여 CH340으로 되어있는 포트가 있다면 잘 설치된 것입니다. COM은 번호는 컴퓨터마다 다를 수 있습니다.

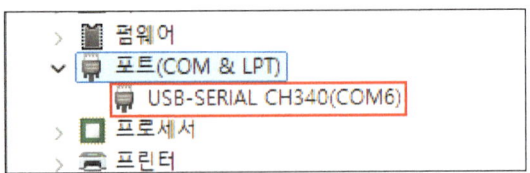

09 Thonny로 돌아옵니다. ESP32 자동차와 연결하기 위해서 오른쪽 아래 Python 부분을 클릭합니다.

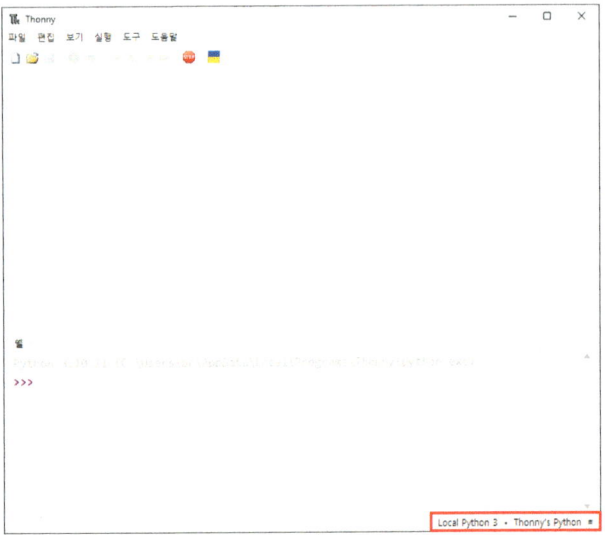

10 [인터프리터 환경설정...]을 클릭합니다.

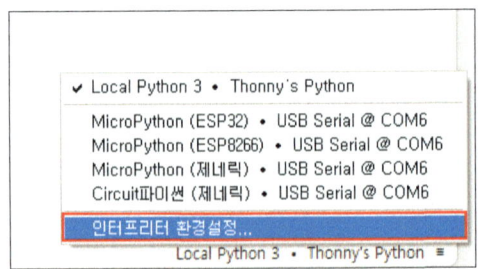

또는 [도구] -> [옵션..]으로 이동해도 됩니다.

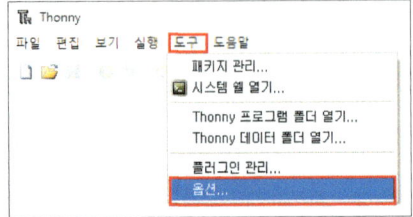

36   마이크로 파이썬으로 만드는 스마트 자동차

11 [인터프리터] 탭으로 이동합니다.

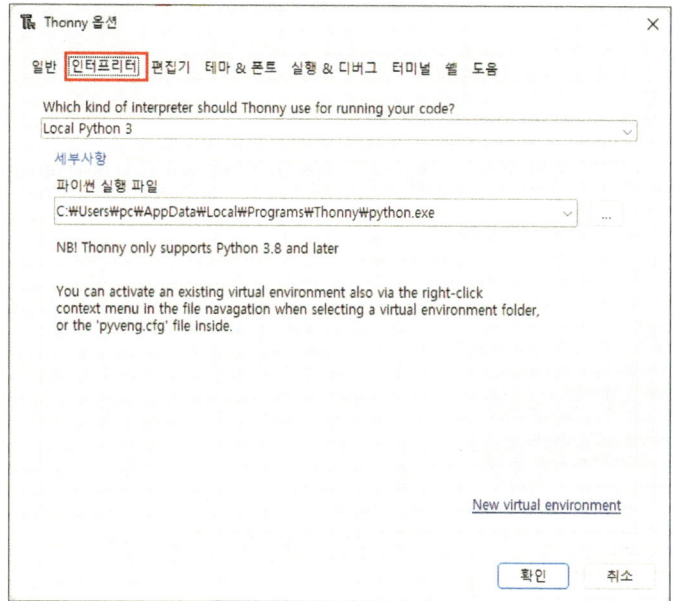

12 보드를 ESP32로 선택합니다. 처음 한 번 ESP32에 마이크로파이썬 인터프리터가 업로드되어야 합니다. 아래 [Install or update MicroPython] 부분을 클릭합니다.

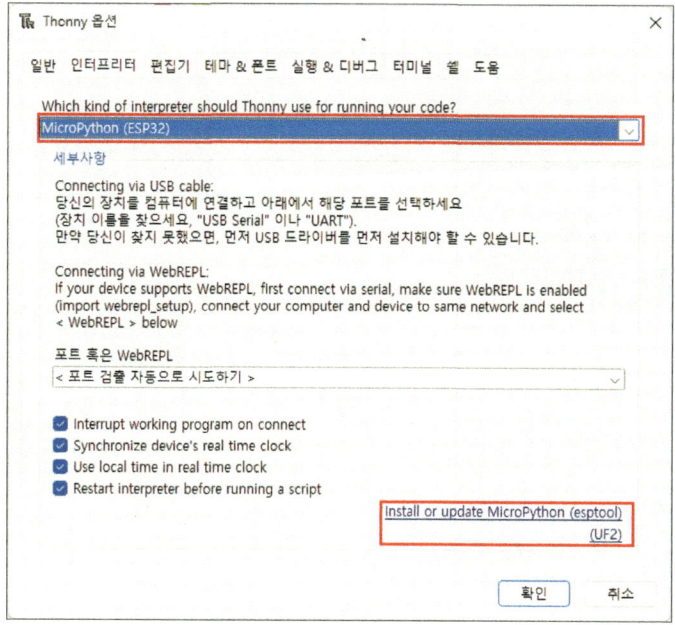

13 COM 포트를 선택 후 아래와 같이 설정합니다.

MicroPython family: ESP32

varian: Espressif ESP32 / WROOM

version: 1.24.1 (2024.12월 기준 최신이나 설치 시 최신버전으로 설치)

[설치]를 눌러 ESP32에 마이크로파이썬 인터프리터를 업로드 합니다. 이과정은 한 번만 진행하면 됩니다.

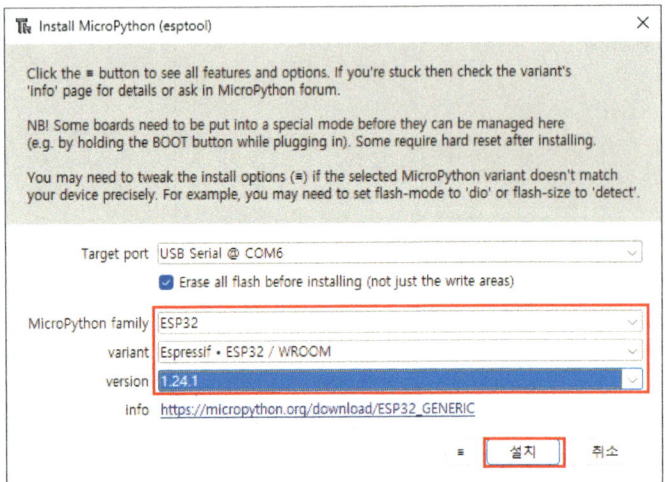

14 설치 중으로 약 5분가량 소요됩니다.

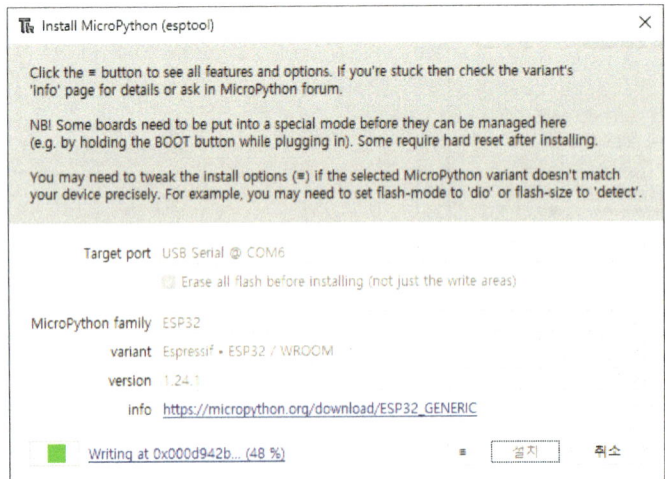

15 설치가 완료되었다면 Done! 으로 상태가 변경됩니다. [닫기]를 클릭하여 종료합니다.

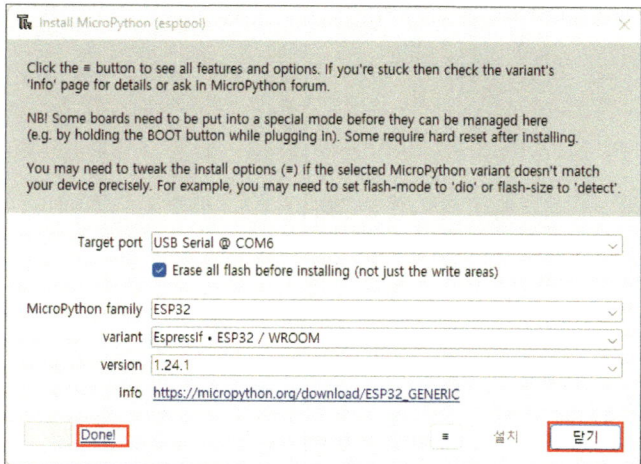

16 [확인]을 눌러 설정을 마칩니다.

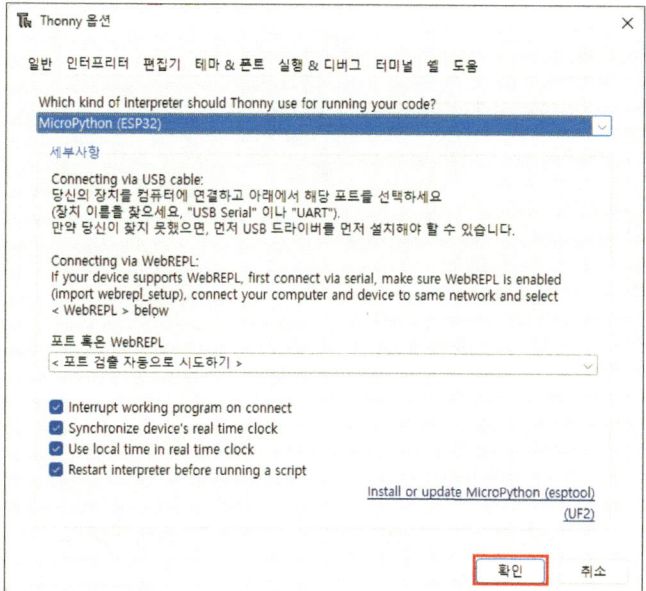

17 MicroPython(ESP32)로 잘 설정되었습니다.

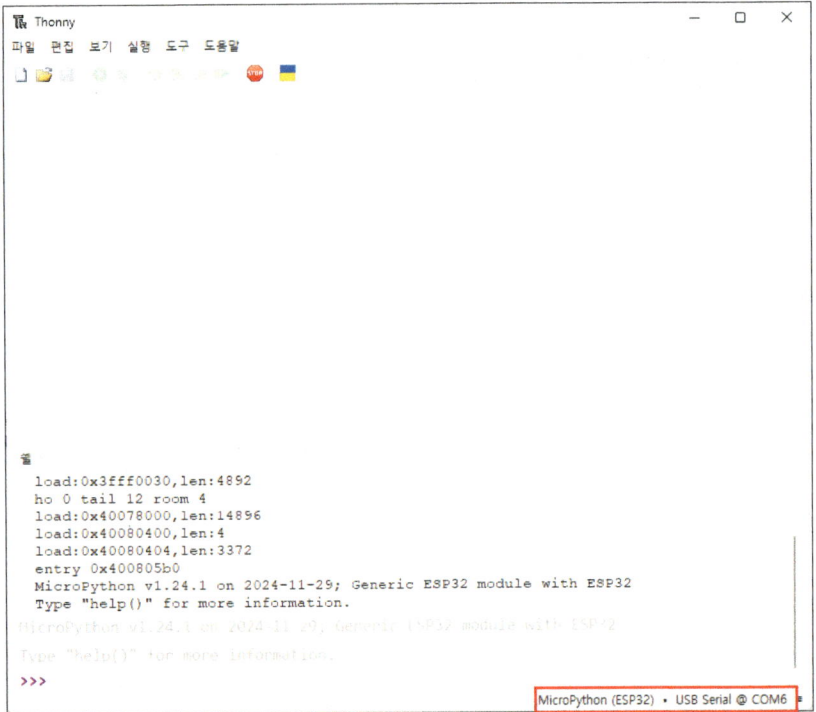

18 [보기] -> [파일]을 체크합니다.

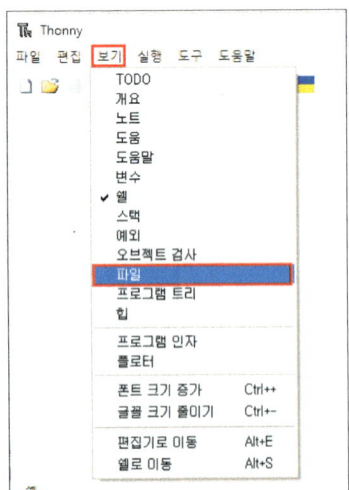

19 ESP32 장치가 잘 연결되었다면 MicroPython 장치의 파일 내용이 정상적으로 보입니다.

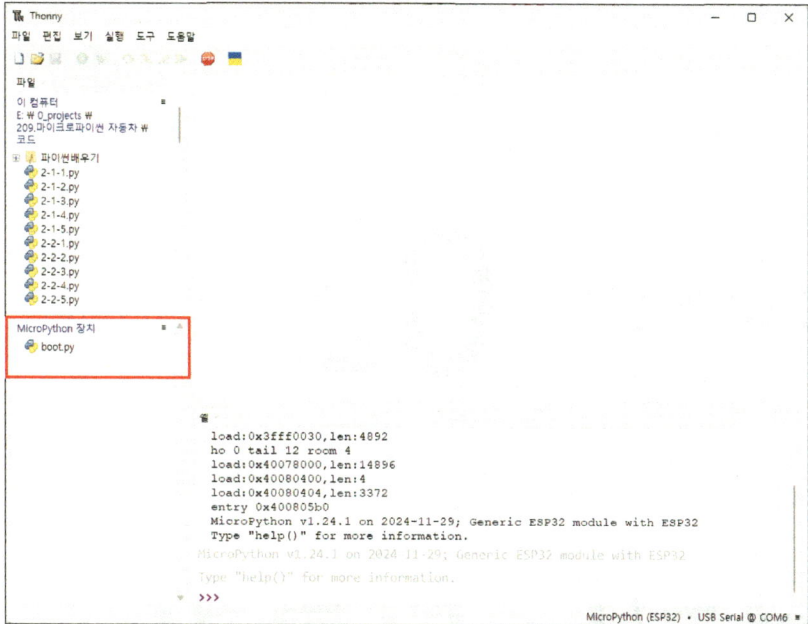

20 새 파일을 열어 print("hello")를 입력 후 [실행] 아이콘을 클릭하면 마이크로파이썬 장치에서 print("hello") 가 실행되며 아래 [쉘] 영역에 값이 잘 출력되었습니다.

CHAPTER **02**

기본기능 다루기

전자 회로의 기본적인 디지털 입출력 기능을 구현하는 방법을 배워봅니다. LED 제어부터 RGB LED와 부저, 그리고 버튼 입력까지 다양한 실습을 통해 디지털 장치를 다루는 기초를 다질 것입니다.

2-1

LED 제어하기

LED는 전자 회로에서 가장 기본적인 출력 장치로, 디지털 신호를 이용해 제어할 수 있습니다. 이번 단원에서는 마이크로파이썬을 활용해 LED를 켜고 끄는 간단한 제어 방법을 배워보겠습니다. 이를 통해 디지털 출력의 기초 개념을 익힐 수 있습니다.

2-1-1. 하나의 LED 깜빡이기

자동차 전면부의 LED1 번을 1초에 한 번씩 깜빡이는 코드를 작성해 봅니다.

2-1-1.py

```
01   from machine import Pin
02   import time
03
04   led1=Pin(15,Pin.OUT)
05
06   while True:
07       led1.value(1)
08       time.sleep(1.0)
09
10       led1.value(0)
11       time.sleep(1.0)
```

코드 설명

01: machine 라이브러리에서 GPIO 핀 제어를 위해 Pin 클래스를 불러옵니다.

02: 시간 지연 기능을 사용하기 위해 time 라이브러리를 불러옵니다.

04: GPIO 15번 핀을 출력 모드로 설정합니다.

06: 무한 루프를 시작합니다.

07: GPIO 핀에 전류를 흘려 LED를 켭니다.

08: 1초 동안 대기합니다.

10: GPIO 핀의 출력을 끊어 LED를 끕니다.

11: 1초 동안 대기합니다.

[▶] 현재 스크립트 실행(F5) 아이콘을 클릭하여 코드를 실행합니다.

전면부의 LED1이 1초마다 깜빡입니다.

2-1-2. 여러 개의 LED 깜빡이기

자동차에 달린 전방 2개, 후방 2개 총 4개의 LED를 동시에 깜빡여 보도록 합니다.

2-1-2.py

```python
from machine import Pin
import time

led1=Pin(15,Pin.OUT)
led2=Pin(2,Pin.OUT)
led3=Pin(0,Pin.OUT)
led4=Pin(4,Pin.OUT)

while True:
    led1.value(1)
    led2.value(1)
    led3.value(1)
    led4.value(1)
    time.sleep(1.0)

    led1.value(0)
    led2.value(0)
    led3.value(0)
    led4.value(0)
    time.sleep(1.0)
```

코드 설명

04: led1을 GPIO 15번 핀에 출력 모드로 설정합니다.

05: led2를 GPIO 2번 핀에 출력 모드로 설정합니다.

06: led3을 GPIO 0번 핀에 출력 모드로 설정합니다.

07: led4를 GPIO 4번 핀에 출력 모드로 설정합니다.

09: 무한 루프를 시작합니다.

10: led1 핀에 전압을 주어 LED를 켭니다.

11: led2 핀에 전압을 주어 LED를 켭니다.

12: led3 핀에 전압을 주어 LED를 켭니다.

13: led4 핀에 전압을 주어 LED를 켭니다.

14: 1초 동안 대기합니다.

16: led1 핀의 전압을 끊어 LED를 끕니다.

17: led2 핀의 전압을 끊어 LED를 끕니다.

18: led3 핀의 전압을 끊어 LED를 끕니다.

19: led4 핀의 전압을 끊어 LED를 끕니다.

20: 1초 동안 대기합니다.

[▶] 현재 스크립트 실행(F5) 아이콘을 클릭하여 코드를 실행합니다.

자동차에 전면부 2개, 후면부 2개 총 4개의 LED가 동시에 1초마다 깜빡입니다.

2-1-3. 안전하게 프로그램 종료하기

실행중인 코드를 종료할 때 [🛑 Stop] 아이콘을 눌러 종료하거나

쉘 영역에서 [컨트롤 + c]를 눌러 키보드 인터럽트를 발생시켜 코드를 종료할 수 있습니다.

```
쉘
>>> %Run -c $EDITOR_CONTENT

  MPY: soft reboot
  Traceback (most recent call last):
    File "<stdin>", line 20, in <module>
  KeyboardInterrupt:
>>>
```

LED가 켜져 있을 때 종료할 경우 LED가 켜진 상태로 종료됩니다. 모터를 동작한다고 하면 모터가 움직이고 있는 상태로 코드가 종료되어 문제가 발생할 수 있습니다. 이를 방지하기 위해서 키보드 인터럽트가 발생하면 LED를 끄고선 종료하는 방법에 대해서 알아봅니다.

2-1-3.py

```python
01    from machine import Pin
02    import time
03    
04    led1=Pin(15,Pin.OUT)
05    led2=Pin(2,Pin.OUT)
06    led3=Pin(0,Pin.OUT)
07    led4=Pin(4,Pin.OUT)
08    
09    try:
10        while True:
11            led1.value(1)
12            led2.value(1)
13            led3.value(1)
14            led4.value(1)
15            time.sleep(1.0)
16    
17            led1.value(0)
18            led2.value(0)
19            led3.value(0)
20            led4.value(0)
21            time.sleep(1.0)
22    
23    except KeyboardInterrupt:
24        led1.value(0)
25        led2.value(0)
26        led3.value(0)
27        led4.value(0)
28    
29        print("코드를 종료합니다.")
```

코드 설명

09: 오류가 생기더라도 안전하게 처리할 준비를 시작합니다.

23: 키보드로 프로그램을 멈출 때 LED를 안전하게 끄는 부분입니다.

24: led1의 불을 끕니다.

25: led2의 불을 끕니다.

26: led3의 불을 끕니다.

27: led4의 불을 끕니다.

29: 프로그램이 끝났다는 메시지를 화면에 보여줍니다.

[▶] 현재 스크립트 실행(F5) 아이콘을 클릭하여 코드를 실행합니다.

[쉘] 영역에서 [컨트롤 + c]를 눌러 코드를 종료하면 LED를 모두 끄고 코드를 안전하게 종료합니다. 아래와 같이 마지막 코드가 실행되고 코드를 종료하였습니다.

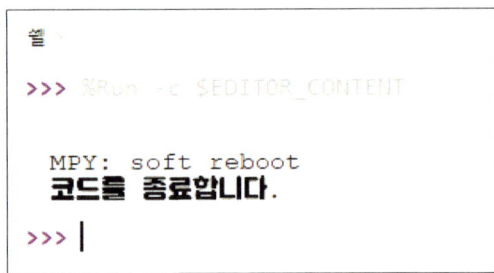

LED는 모두 꺼진 상태로 코드를 종료하였습니다.

2-1-4. on(), off()를 이용해서 LED 제어하기

.value() 메서드를 이용하여 0 또는 1의 값을 넣어 LED를 제어하였습니다. .on(), .off()메서드를 이용하여 조금 더 직관적으로 LED를 켜고 끄는 제어를 해보도록 합니다.

2-1-4.py

```python
from machine import Pin
import time

led1=Pin(15,Pin.OUT)
led2=Pin(2,Pin.OUT)
led3=Pin(0,Pin.OUT)
led4=Pin(4,Pin.OUT)

try:
    while True:
        led1.on()
        led2.on()
        led3.on()
        led4.on()
        time.sleep(1.0)

        led1.off()
        led2.off()
        led3.off()
        led4.off()
        time.sleep(1.0)

except KeyboardInterrupt:
    led1.off()
    led2.off()
    led3.off()
    led4.off()

    print("코드를 종료합니다.")
```

코드 설명

11: led1에 불을 켭니다.

12: led2에 불을 켭니다.

13: led3에 불을 켭니다.

14: led4에 불을 켭니다.

15: 1초 동안 기다립니다.

17: led1의 불을 끕니다.

18: led2의 불을 끕니다.

19: led3의 불을 끕니다.

20: led4의 불을 끕니다.

21: 1초 동안 기다립니다.

[▶] 현재 스크립트 실행(F5) 아이콘을 클릭하여 코드를 실행합니다.
.on(), .off()메서드를 이용해도 동일하게 LED를 켜고 끄는 동작을 하였습니다.

2-1-5. 여러 개의 LED 순차적으로 켜기

4개의 LED를 순서대로 켜고 끄며 빛이 이동하는 것처럼 보이도록 동작하는 코드를 작성합니다.

2-1-5.py

```
01   from machine import Pin
02   import time
03
04   led1=Pin(15,Pin.OUT)
05   led2=Pin(2,Pin.OUT)
06   led3=Pin(0,Pin.OUT)
07   led4=Pin(4,Pin.OUT)
08
09   try:
10       while True:
11           led1.value(1)
12           led2.value(0)
13           led3.value(0)
14           led4.value(0)
15           time.sleep(1.0)
16
17           led1.value(0)
18           led2.value(1)
19           led3.value(0)
20           led4.value(0)
21           time.sleep(1.0)
22
23           led1.value(0)
24           led2.value(0)
25           led3.value(1)
26           led4.value(0)
27           time.sleep(1.0)
28
29           led1.value(0)
30           led2.value(0)
31           led3.value(0)
32           led4.value(1)
33           time.sleep(1.0)
34
35   except  KeyboardInterrupt:
36       led1.value(0)
37       led2.value(0)
38       led3.value(0)
39       led4.value(0)
40
41       print("코드를 종료합니다.")
```

코드설명

11: led1을 켜고, 나머지 LED(led2, led3, led4)는 끕니다.

15: 1초 동안 기다립니다.

17: led2를 켜고, 나머지 LED(led1, led3, led4)는 끕니다.

21: 1초 동안 기다립니다.

23: led3을 켜고, 나머지 LED(led1, led2, led4)는 끕니다.

27: 1초 동안 기다립니다.

29: led4를 켜고, 나머지 LED(led1, led2, led3)는 끕니다.

33: 1초 동안 기다립니다.

[▶] 현재 스크립트 실행(F5) 아이콘을 클릭하여 코드를 실행합니다.

4개의 LED를 순서대로 켜고 끄며 빛이 이동하는 것처럼 보입니다.

2-1-6. main.py파일로 마이크로파이썬 장치에 저장하기

지금까지 코드를 테스트했던 방식은 PC에서 작성한 코드를 Thonny IDE에서 실행하면 코드를 한 줄씩 마이크로파이썬 장치에 입력하여 동작하였습니다. 우리가 사용하는 마이크로파이썬 보드는 항상 PC 옆에서 동작하는게 아닌 독립적으로 동작이 되어야 합니다. 이럴 때는 main.py 파일 이름으로 마이크로파이썬 장치에 저장되어 있으면 마이크로파이썬 장치는 부팅 시 main.py 파일이 있다면 바로 코드를 실행합니다. 우리가 전원을 켰을 때 동작시키고 싶은 코드를 main.py 파일로 업로드 하면 됩니다.

이전에 사용했던 [여러 개의 LED 순차적으로 켜기] 인 [2-1-5.py] 파일을 열고 [파일] -> [...(으)로 저장]을 클릭합니다. 마이크로파이썬 장치가 무언가 동작하지 않는 상태여야 합니다. 쉘 영역에 [>>>] 표시가 되어야 합니다. 무언가 동작 중이라면 [STOP]을 눌러 동작을 멈춘 다음 진행합니다.

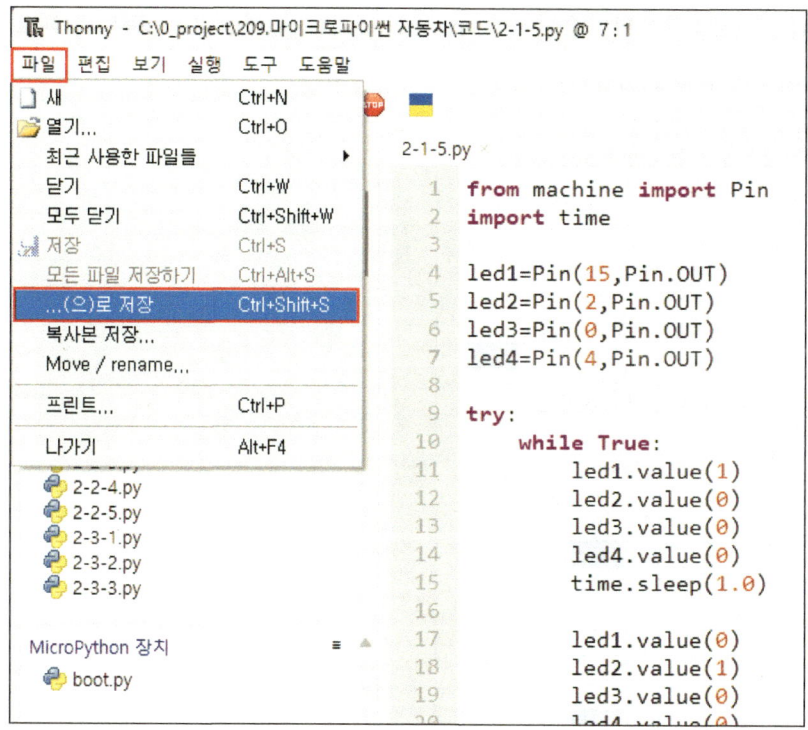

[MicroPython 장치]를 클릭합니다.

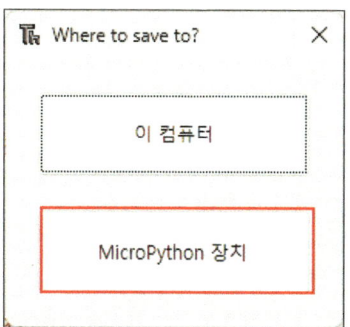

이름을 [main.py] 로 한 다음[확인]을 눌러 MicroPython 장치에 저장합니다. 꼭 main.py로 저장해야 합니다.

MicroPython 장치에 main.py로 저장되었습니다. [main.py] 로 [] 대괄호로 표시된 파일은 MicroPython 장치에서 읽어온 파일임을 표시합니다.

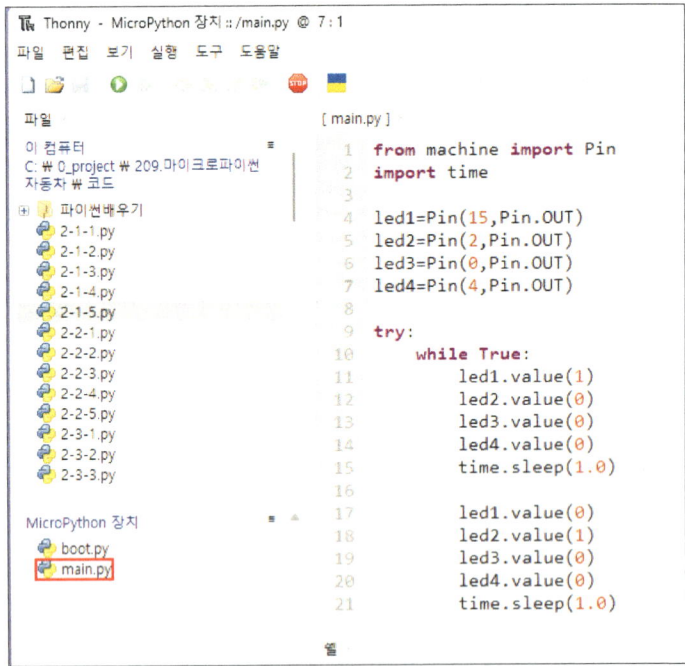

자동차에서 [RST] 리셋 버튼을 눌러 장치를 리셋하면 부팅 시 main.py 파일을 실행합니다. 이렇게 저장해 두면 PC 없이도 전원을 넣으면 동작합니다.

MicroPython 장치에서 main.py 파일이 있다고 해서 Thonny IDE에서 다른 코드가 실행 못 하지는 않습니다. Thonny IDE에서 [STOP]을 눌러 main.py코드의 동작을 멈춘 다음 다른 코드를 실행시킬 수 있습니다.

Stop을 누른 후 코드를 동작시키는게 번거롭다면 MicroPython 장치에서 main.py 파일을 삭제합니다. 그러면 더 이상 부팅 시 main.py 파일을 실행하지 않고 명령을 대기합니다.

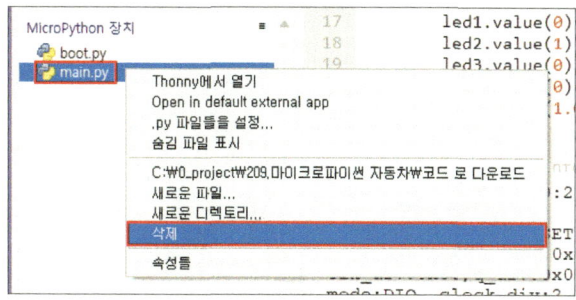

기본기능 다루기 55

2-2
RGB LED 제어하기

RGB LED는 빨강, 초록, 파랑 세 가지 색의 LED를 결합하여 다양한 색상을 표현할 수 있는 출력 장치입니다. 이번 단원에서는 마이크로파이썬과 PWM(Pulse Width Modulation)을 이용해 RGB LED의 색상을 제어하는 방법을 배워보겠습니다. 이를 통해 디지털 출력과 PWM의 활용을 이해할 수 있습니다.

2-2-1. RGB LED를 순차적으로 제어하기

빨간색, 초록색, 파란색 LED를 순서대로 켜고 끄며 색이 바뀌는 동작을 반복하는 프로그램을 작성합니다.

2-2-1.py

```python
from machine import Pin
import time

LED_RED = Pin(17,Pin.OUT)
LED_GREEN = Pin(5,Pin.OUT)
LED_BLUE = Pin(18,Pin.OUT)

try:
    while True:
        print("red")
        LED_RED.value(1)
        LED_GREEN.value(0)
        LED_BLUE.value(0)
        time.sleep(1.0)

        print("green")
        LED_RED.value(0)
        LED_GREEN.value(1)
        LED_BLUE.value(0)
        time.sleep(1.0)

        print("blue")
```

```
23              LED_RED.value(0)
24              LED_GREEN.value(0)
25              LED_BLUE.value(1)
26              time.sleep(1.0)
27
28     except KeyboardInterrupt:
29         LED_RED.value(0)
30         LED_GREEN.value(0)
31         LED_BLUE.value(0)
```

코드 설명

10: "red"라는 메시지를 출력합니다.

11: 빨간색 LED를 켜고, 나머지 LED(초록색, 파란색)는 끕니다.

14: 1초 동안 기다립니다.

16: "green"이라는 메시지를 출력합니다.

17: 초록색 LED를 켜고, 나머지 LED(빨간색, 파란색)는 끕니다.

20: 1초 동안 기다립니다.

22: "blue"라는 메시지를 출력합니다.

23: 파란색 LED를 켜고, 나머지 LED(빨간색, 초록색)는 끕니다.

26: 1초 동안 기다립니다.

[▶] 현재 스크립트 실행(F5) 아이콘을 클릭하여 코드를 실행합니다.

쉘영역에 red, green, blue의 글자가 출력됩니다.

```
쉘
>>> %Run -c $EDITOR_CONTENT

 MPY: soft reboot
 red
 green
 blue
 red
```

빨간색, 녹색, 파란색 LED가 순차적으로 켜집니다.

2-2-2. RGB LED의 빨간색 밝기 조절하기

빨간색 LED의 밝기를 점점 증가시키며 제어하는 프로그램입니다. PWM(펄스폭 변조)을 사용하여 LED 밝기를 조절합니다.

2-2-2.py

```python
from machine import Pin,PWM
import time

LED_RED = PWM(Pin(17),freq=1000,duty=0)
LED_GREEN = PWM(Pin(5),freq=1000,duty=0)
LED_BLUE = PWM(Pin(18),freq=1000,duty=0)

try:
    while True:
        print("duty: 0")
        LED_RED.duty(0)
        time.sleep(1.0)

        print("duty: 400")
        LED_RED.duty(400)
        time.sleep(1.0)

        print("duty: 800")
        LED_RED.duty(800)
        time.sleep(1.0)

        print("duty: 1023")
        LED_RED.duty(1023)
        time.sleep(1.0)

except KeyboardInterrupt:
    LED_RED.duty(0)
    LED_RED.deinit()
    LED_GREEN.deinit()
    LED_BLUE.deinit()
```

코드 설명

10: "duty: 0"이라는 메시지를 출력합니다.

11: 빨간색 LED의 밝기를 0으로 설정하여 LED를 끕니다.

12: 1초 동안 기다립니다.

14: "duty: 400"이라는 메시지를 출력합니다.

15: 빨간색 LED의 밝기를 400으로 설정하여 LED를 어둡게 켭니다.

16: 1초 동안 기다립니다.

18: "duty: 800"이라는 메시지를 출력합니다.

19: 빨간색 LED의 밝기를 800으로 설정하여 LED를 더 밝게 켭니다.

20: 1초 동안 기다립니다.

22: "duty: 1023"이라는 메시지를 출력합니다.

23: 빨간색 LED의 밝기를 1023(최대값)으로 설정하여 LED를 가장 밝게 켭니다.

24: 1초 동안 기다립니다.

[▶] 현재 스크립트 실행(F5) 아이콘을 클릭하여 코드를 실행합니다.

쉘 영역에 duty 비가 출력됩니다.

```
duty: 0
duty: 400
duty: 800
duty: 1023
duty: 0
duty: 400
duty: 800
duty: 1023
duty: 0
duty: 400
duty: 800
duty: 1023
```

duty 비에 따른 LED의 밝기가 변경되었습니다.

2-2-3. RGB LED의 흰색 밝기 조절하기

빨간색, 녹색, 파란색을 모두 켜 흰색의 밝기를 조절하는 코드를 작성해 봅니다.

2-2-3.py

```python
from machine import Pin,PWM
import time

LED_RED = PWM(Pin(17),freq=1000,duty=0)
LED_GREEN = PWM(Pin(5),freq=1000,duty=0)
LED_BLUE = PWM(Pin(18),freq=1000,duty=0)

try:
    while True:
        print("duty: 0")
        LED_RED.duty(0)
        LED_GREEN.duty(0)
        LED_BLUE.duty(0)
        time.sleep(1.0)
```

```
15
16              print("duty: 400")
17              LED_RED.duty(400)
18              LED_GREEN.duty(400)
19              LED_BLUE.duty(400)
20              time.sleep(1.0)
21
22              print("duty: 800")
23              LED_RED.duty(800)
24              LED_GREEN.duty(800)
25              LED_BLUE.duty(800)
26              time.sleep(1.0)
27
28              print("duty: 1023")
29              LED_RED.duty(1023)
30              LED_GREEN.duty(1023)
31              LED_BLUE.duty(1023)
32              time.sleep(1.0)
33
34      except KeyboardInterrupt:
35          LED_RED.duty(0)
36          LED_GREEN.duty(0)
37          LED_BLUE.duty(0)
38          LED_RED.deinit()
39          LED_GREEN.deinit()
40          LED_BLUE.deinit()
```

코드 설명

10: "duty: 0"이라는 메시지를 출력합니다.

11: 빨간색 LED의 밝기를 0으로 설정하여 LED를 끕니다.

12: 초록색 LED의 밝기를 0으로 설정하여 LED를 끕니다.

13: 파란색 LED의 밝기를 0으로 설정하여 LED를 끕니다.

14: 1초 동안 기다립니다.

16: "duty: 400"이라는 메시지를 출력합니다.

17: 빨간색 LED의 밝기를 400으로 설정하여 LED를 어둡게 켭니다.

18: 초록색 LED의 밝기를 400으로 설정하여 LED를 어둡게 켭니다.

19: 파란색 LED의 밝기를 400으로 설정하여 LED를 어둡게 켭니다.

20: 1초 동안 기다립니다.

22: "duty: 800"이라는 메시지를 출력합니다.

23: 빨간색 LED의 밝기를 800으로 설정하여 LED를 더 밝게 켭니다.

24: 초록색 LED의 밝기를 800으로 설정하여 LED를 더 밝게 켭니다.

25: 파란색 LED의 밝기를 800으로 설정하여 LED를 더 밝게 켭니다.

26: 1초 동안 기다립니다.
28: "duty: 1023"이라는 메시지를 출력합니다.
29: 빨간색 LED의 밝기를 1023(최댓값)으로 설정하여 LED를 가장 밝게 켭니다.
30: 초록색 LED의 밝기를 1023(최댓값)으로 설정하여 LED를 가장 밝게 켭니다.
31: 파란색 LED의 밝기를 1023(최댓값)으로 설정하여 LED를 가장 밝게 켭니다.
32: 1초 동안 기다립니다.

[▶] 현재 스크립트 실행(F5) 아이콘을 클릭하여 코드를 실행합니다.

빨간색, 녹색, 파란색 LED를 모두 켜 흰색을 구현한 뒤 밝기를 조절하였습니다.

2-2-4. RGB LED로 무지개 색상 표현하기

빨간색, 녹색, 파란색 LED의 밝기 비율을 조절하여 무지개 색상을 표현해 봅니다.

윈도우의 기본프로그램인 그림판의 [색 편집]에서 각 색에 따른 빨강, 녹색, 파랑의 비율을 확인 할 수 있습니다. 예를 들어 주황색은 빨강 240, 녹색134, 파랑 80으로 표현할 수 있습니다.

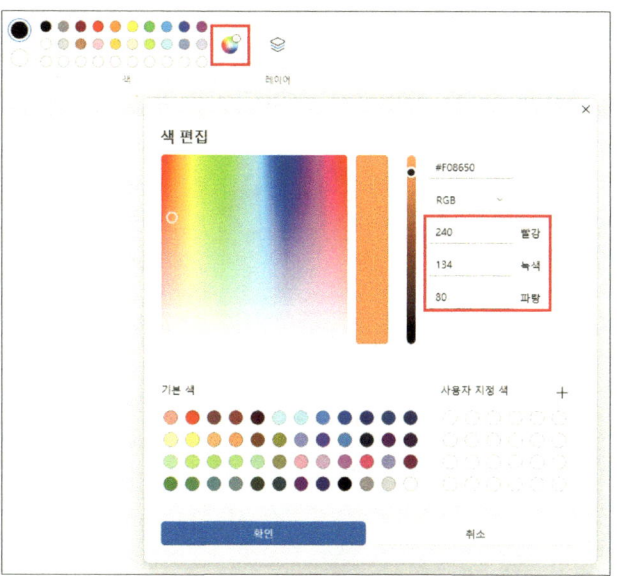

빨강, 주황, 노랑, 초록, 파랑, 남색, 보라색을 순서대로 표시하며 무지개의 색깔을 구현합니다. PWM(펄스폭 변조) 을 사용하여 LED 색상을 조합합니다.

2-2-4.py

```
01    from machine import Pin, PWM
02    import time
03
04    LED_RED = PWM(Pin(17), freq=1000, duty=0)
05    LED_GREEN = PWM(Pin(5), freq=1000, duty=0)
06    LED_BLUE = PWM(Pin(18), freq=1000, duty=0)
07
08    try:
09        while True:
10            print("빨")
11            LED_RED.duty(1023)
12            LED_GREEN.duty(0)
13            LED_BLUE.duty(0)
14            time.sleep(1.0)
15
16            print("주")
17            LED_RED.duty(1023)
18            LED_GREEN.duty(200)
19            LED_BLUE.duty(0)
20            time.sleep(1.0)
```

```
21
22              print("노")
23              LED_RED.duty(1023)
24              LED_GREEN.duty(400)
25              LED_BLUE.duty(0)
26              time.sleep(1.0)
27
28              print("초")
29              LED_RED.duty(0)
30              LED_GREEN.duty(1023)
31              LED_BLUE.duty(0)
32              time.sleep(1.0)
33
34              print("파")
35              LED_RED.duty(0)
36              LED_GREEN.duty(0)
37              LED_BLUE.duty(1023)
38              time.sleep(1.0)
39
40              print("남")
41              LED_RED.duty(200)
42              LED_GREEN.duty(0)
43              LED_BLUE.duty(1023)
44              time.sleep(1.0)
45
46              print("보")
47              LED_RED.duty(400)
48              LED_GREEN.duty(0)
49              LED_BLUE.duty(1023)
50              time.sleep(1.0)
51
52      except  KeyboardInterrupt:
53          LED_RED.duty(0)
54          LED_GREEN.duty(0)
55          LED_BLUE.duty(0)
56          LED_RED.deinit()
57          LED_GREEN.deinit()
58          LED_BLUE.deinit()
```

코드 설명

10: "빨"이라는 메시지를 출력합니다.

11: 빨간색 LED를 최대 밝기로 켜고, 나머지 LED(초록색, 파란색)는 끕니다.

16: "주"라는 메시지를 출력합니다.

17: 빨간색 LED를 최대 밝기로 켜고, 초록색 LED를 약간 켜서 주황색을 만듭니다.

22: "노"라는 메시지를 출력합니다.

23: 빨간색 LED를 최대 밝기로 켜고, 초록색 LED를 더 밝게 켜서 노란색을 만듭니다.

28: "초"라는 메시지를 출력합니다.

29: 빨간색 LED는 끄고, 초록색 LED를 최대 밝기로 켜서 초록색을 만듭니다.

34: "파"라는 메시지를 출력합니다.

35: 빨간색과 초록색 LED를 끄고, 파란색 LED를 최대 밝기로 켭니다.

40: "남"이라는 메시지를 출력합니다.

41: 빨간색 LED를 약간 켜고, 초록색 LED를 끄고, 파란색 LED를 최대 밝기로 켜서 남색을 만듭니다.

46: "보"라는 메시지를 출력합니다.

47: 빨간색 LED를 더 밝게 켜고, 초록색 LED를 끄고, 파란색 LED를 최대 밝기로 켜서 보라색을 만듭니다.

[▶] **현재 스크립트 실행(F5) 아이콘을 클릭하여 코드를 실행합니다.**

쉘 영역에서는 현재 표시되는 LED의 색상을 출력합니다.

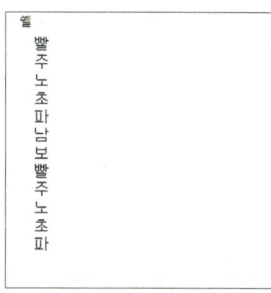

LED의 색상이 RGB의 밝기에 따라 무지개 색상으로 표현되었습니다.

2-2-5. for문을 이용해서 RGB LED로 무지개 색상 표현하기

for문을 이용하여 코드의 길이를 줄여 무지개 색상을 표현해 보도록 합니다.

2-2-5.py

```python
from machine import Pin, PWM
import time

LED_RED = PWM(Pin(17), freq=1000, duty=0)
LED_GREEN = PWM(Pin(5), freq=1000, duty=0)
LED_BLUE = PWM(Pin(18), freq=1000, duty=0)

# 무지개 색상 목록 (빨주노초파남보)
rainbow_colors = [
    (1023, 0, 0),      # 빨강
    (1023, 200, 0),    # 주황
    (1023, 400, 0),    # 노랑
    (0, 1023, 0),      # 초록
    (0, 0, 1023),      # 파랑
    (200, 0, 1023),    # 남색
    (400, 0, 1023),    # 보라
]

try:
    while True:
        for color in rainbow_colors:
            LED_RED.duty(color[0])
            LED_GREEN.duty(color[1])
            LED_BLUE.duty(color[2])
            time.sleep(1.0)

except KeyboardInterrupt:
    LED_RED.duty(0)
    LED_GREEN.duty(0)
    LED_BLUE.duty(0)
    LED_RED.deinit()
    LED_GREEN.deinit()
    LED_BLUE.deinit()
```

코드 설명

10: (1023, 0, 0)은 빨간색을 나타냅니다.

11: (1023, 200, 0)은 주황색을 나타냅니다.

12: (1023, 400, 0)은 노란색을 나타냅니다.

13: (0, 1023, 0)은 초록색을 나타냅니다.

14: (0, 0, 1023)은 파란색을 나타냅니다.

15: (200, 0, 1023)은 남색을 나타냅니다.

16: (400, 0, 1023)은 보라색을 나타냅니다.

21: rainbow_colors 목록에 있는 각 색상을 순서대로 사용합니다.

[▶] 현재 스크립트 실행(F5) 아이콘을 클릭하여 코드를 실행합니다.

for문을 사용하여 코드의 길이를 줄여 RGB LED에 무지개 색상을 표현하였습니다.

2-3

부저

부저는 전자 회로에서 소리를 내는 출력 장치로, 다양한 음을 생성할 수 있습니다. 이번 단원에서는 마이크로파이썬을 이용해 부저를 제어하며 주파수를 변경하여 다양한 음을 출력하는 방법에 대해서 알아봅니다.

2-3-1. 도레미파솔라시도 출력하기

부저에 연결된 디지털신호의 주파수를 조절하여 도레미파솔라시도 음계를 출력해 보도록 합니다.

2-3-1.py

```python
from machine import Pin, PWM
import time

melody_buzzer = PWM(Pin(19, Pin.OUT), freq=1, duty=0)
try:
    while True:
        melody_buzzer.duty(512)

        melody_buzzer.freq(261) #도
        time.sleep(1.0)

        melody_buzzer.freq(293) #레
        time.sleep(1.0)

        melody_buzzer.freq(329) #미
        time.sleep(1.0)

        melody_buzzer.freq(349) #파
        time.sleep(1.0)

        melody_buzzer.freq(392) #솔
        time.sleep(1.0)

        melody_buzzer.freq(440) #라
        time.sleep(1.0)
```

```
26
27              melody_buzzer.freq(493)  #시
28              time.sleep(1.0)
29
30              melody_buzzer.freq(523)  #도~
31              time.sleep(1.0)
32
33      except KeyboardInterrupt:
34          melody_buzzer.duty(0)
35          melody_buzzer.deinit()
```

코드 설명

04: 19번 핀에 연결된 부저를 PWM 모드로 설정합니다. 초기 주파수는 1Hz, 밝기(duty)는 0입니다.

07: 부저의 진폭을 설정합니다(duty=512로 소리를 냅니다).

09: 부저 주파수를 261Hz로 설정하여 "도" 소리를 냅니다.

10: 1초 동안 "도" 소리를 유지합니다.

12: 부저 주파수를 293Hz로 설정하여 "레" 소리를 냅니다.

13: 1초 동안 "레" 소리를 유지합니다.

15: 부저 주파수를 329Hz로 설정하여 "미" 소리를 냅니다.

16: 1초 동안 "미" 소리를 유지합니다.

18: 부저 주파수를 349Hz로 설정하여 "파" 소리를 냅니다.

19: 1초 동안 "파" 소리를 유지합니다.

21: 부저 주파수를 392Hz로 설정하여 "솔" 소리를 냅니다.

22: 1초 동안 "솔" 소리를 유지합니다.

24: 부저 주파수를 440Hz로 설정하여 "라" 소리를 냅니다.

25: 1초 동안 "라" 소리를 유지합니다.

27: 부저 주파수를 493Hz로 설정하여 "시" 소리를 냅니다.

28: 1초 동안 "시" 소리를 유지합니다.

30: 부저 주파수를 523Hz로 설정하여 높은 "도" 소리를 냅니다.

31: 1초 동안 높은 "도" 소리를 유지합니다.

[▶] 현재 스크립트 실행(F5) 아이콘을 클릭하여 코드를 실행합니다.

도레미파솔라시도의 음이 부저에 출력됩니다.

* [쉘] 영역에서 [컨트롤 + c]를 입력하면 부저를 멈춘 상태로 종료할 수 있습니다.

2-3-2. for문을 이용해서 코드 줄이기

반복하는 부분을 for문을 이용해서 코드의 양을 줄여보도록 합니다.

2-3-2.py

```
01  from machine import Pin, PWM
02  import time
03
04  melody_buzzer = PWM(Pin(19, Pin.OUT), freq=1, duty=0)
05
06  frequency_list = [261,293,329,349,392,440,493,523]
07
08  try:
09      while True:
10          for frequency in frequency_list:
11              melody_buzzer.duty(512)
12              melody_buzzer.freq(frequency)
13              time.sleep(1.0)
14
15  except KeyboardInterrupt:
16      melody_buzzer.duty(0)
17      melody_buzzer.deinit()
```

코드 설명

06: 음계를 나타내는 주파수 리스트를 정의합니다:

261Hz는 "도"

293Hz는 "레"

329Hz는 "미"

349Hz는 "파"

392Hz는 "솔"

440Hz는 "라"

493Hz는 "시"

523Hz는 높은 "도"

10: frequency_list에 있는 주파수를 하나씩 가져옵니다.

11: 부저의 진폭을 512로 설정하여 소리를 냅니다.

12: 각 주파수에 맞는 음을 부저에서 연주합니다.

13: 해당 음을 1초 동안 유지합니다.

[▶] 현재 스크립트 실행(F5) 아이콘을 클릭하여 코드를 실행합니다.

for문을 이용하여 코드의 양을 줄였습니다.

도레미파솔라시도의 음이 부저에 출력됩니다.

* [쉘] 영역에서 [컨트롤 + c]를 입력하면 부저를 멈춘 상태로 종료할 수 있습니다.

2-3-3. 함수 만들어 사용하기

코드를 재사용하기 위해서 함수를 만들어 사용해 보도록 합니다.

2-3-3.py

```
01  from machine import Pin, PWM
02  import time
03
04  melody_buzzer = PWM(Pin(19, Pin.OUT), freq=1, duty=0)
05
06  def play_tone(freq):
07      melody_buzzer.duty(512)
08      melody_buzzer.freq(freq)
09
10  def no_tone():
11      melody_buzzer.duty(0)
12
13  try:
14      while True:
15          play_tone(261)
16          time.sleep(1.0)
17
18          play_tone(293)
19          time.sleep(1.0)
20
21          play_tone(329)
22          time.sleep(1.0)
23
24          no_tone()
25          time.sleep(2.0)
26
27  except KeyboardInterrupt:
28      melody_buzzer.duty(0)
29      melody_buzzer.deinit()
```

코드 설명

06: play_tone(freq) 함수는 특정 주파수의 소리를 내는 기능을 합니다.

07: 부저의 진폭을 512로 설정하여 소리를 냅니다.

08: 부저의 주파수를 freq 값으로 설정합니다.

10: no_tone() 함수는 소리를 끄는 기능을 합니다.

11: 부저의 진폭을 0으로 설정하여 소리를 끕니다.

15: play_tone(261)으로 "도(261Hz)" 소리를 냅니다.

16: 1초 동안 "도" 소리를 유지합니다.

18: play_tone(293)으로 "레(293Hz)" 소리를 냅니다.

19: 1초 동안 "레" 소리를 유지합니다.

21: play_tone(329)으로 "미(329Hz)" 소리를 냅니다.

22: 1초 동안 "미" 소리를 유지합니다.

24: no_tone()으로 부저를 끄고 2초 동안 멈춥니다.

[▶] **현재 스크립트 실행(F5) 아이콘을 클릭하여 코드를 실행합니다.**

함수를 이용하여 코드를 재사용하기 쉽도록 코드에 이름을 붙여 사용하였습니다.

도레미가 출력됩니다.

* [쉘] 영역에서 [컨트롤 + c]를 입력하면 부저를 멈춘 상태로 종료할 수 있습니다.

2-3-4. 학교종 출력하기
멜로디 부저를 사용하여 학교종 곡을 연주하는 프로그램을 작성합니다.

2-3-4.py

```python
01   from machine import Pin, PWM
02   import time
03
04   melody_buzzer = PWM(Pin(19, Pin.OUT), freq=1, duty=0)
05
06   MELODY = [392, 392, 440, 440, 392, 392, 330, 392, 392,
07             330, 330, 293, 0, 392, 392, 440, 440, 392,
08             392, 329, 392, 329, 293, 329, 261, 0]
09
10   def play_tone(freq):
11       melody_buzzer.duty(512)
12       melody_buzzer.freq(freq)
13
```

```python
14      def no_tone():
15          melody_buzzer.duty(0)
16
17      try:
18          while True:
19              for note_freq in MELODY:
20                  if note_freq ==0:
21                      no_tone()
22                      time.sleep(0.3)
23                  else:
24                      play_tone(note_freq)
25                      time.sleep(0.3)
26                      no_tone()
27                      time.sleep(0.1)
28
29      except KeyboardInterrupt:
30          melody_buzzer.duty(0)
31          melody_buzzer.deinit()
```

코드 설명

06: MELODY 리스트는 연주할 곡의 음계를 주파수 값으로 정의합니다.

19: MELODY 리스트에 있는 각 음표를 순서대로 연주합니다.

[▶] 현재 스크립트 실행(F5) 아이콘을 클릭하여 코드를 실행합니다.

학교종이 출력되었습니다.

* [쉘] 영역에서 [컨트롤 + c]를 입력하면 부저를 멈춘 상태로 종료할 수 있습니다.

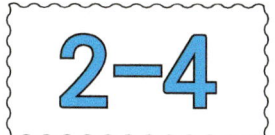

버튼

버튼은 디지털 입력 신호를 받아 사용자와의 상호작용을 가능하게 하는 기본적인 입력 장치입니다. 이번 단원에서는 마이크로파이썬을 활용해 버튼의 상태를 읽고 이를 프로그램에 적용하는 방법을 배워보겠습니다. 이를 통해 디지털 입력의 기초 개념과 활용 방식을 이해할 수 있습니다.

또한, 버튼을 더욱 효율적으로 활용하기 위해 함수와 클래스를 사용하는 방법도 함께 알아봅니다. 이를 통해 코드를 간결하게 작성하고, 버튼 제어를 체계적으로 관리하는 기술을 익힐 수 있습니다.

2-4-1. 버튼 입력받기

버튼값을 확인하여 그 값을 출력하는 코드를 작성해 봅니다.

2-4-1.py

```python
01  from machine import Pin
02  import time
03
04  button1=Pin(14,Pin.IN,Pin.PULL_UP)
05
06  try:
07      while True:
08          print(button1.value())
09          time.sleep(0.1)
10
11  except KeyboardInterrupt:
12      pass
```

코드 설명

04: button1을 14번 핀에 입력 모드로 설정합니다. PULL_UP 설정은 버튼이 눌리지 않았을 때 기본적으로 1 값을 유지하도록 합니다.

06: 키보드로 멈추더라도 안전하게 종료할 준비를 시작합니다.

07: 프로그램이 무한 반복되도록 만듭니다.

08: button1.value()를 사용하여 버튼의 현재 상태를 출력합니다.

09: 0.1초 동안 대기하여 상태를 읽는 주기를 설정합니다.

[◉] 현재 스크립트 실행(F5) 아이콘을 클릭하여 코드를 실행합니다.

버튼1을 눌러 출력되는 값을 확인합니다.

버튼을 누르지 않았을 때 1이 출력됩니다.

```
쉘
 1
 1
 1
 1
 1
 1
 1
```

버튼을 누르면 0이 출력됩니다.

```
쉘
 0
 0
 0
 0
 0
 0
 0
```

버튼의 풀업저항으로 인해 누르지 않으면 1, 누르면 0의 값이 출력되었습니다.

2-4-2. 버튼을 누를 때만 출력하기

버튼의 값을 계속 출력하는게 아닌 버튼을 누를 때만 값을 출력하도록 코드를 작성해 봅니다.

2-4-2.py

```python
01  from machine import Pin
02  import time
03
04  button1 = Pin(14, Pin.IN, Pin.PULL_UP)
05  prev_state = button1.value()
06
07  try:
08      while True:
09          current_state = button1.value()
10          if current_state != prev_state:
11              prev_state = current_state
12              print(current_state,"click")
13              time.sleep(0.1)
14
15  except KeyboardInterrupt:
16      pass
```

코드 설명

05: prev_state 변수에 버튼의 초기 상태를 저장합니다.

09: current_state에 버튼의 현재 상태를 저장합니다.

10: current_state와 prev_state를 비교하여 버튼 상태가 변경되었는지 확인합니다.

11: 상태가 변경되었을 경우, prev_state를 현재 상태로 업데이트합니다.

12: 현재 상태(0 또는 1)와 함께 "click" 메시지를 출력합니다.

[▶] 현재 스크립트 실행(F5) 아이콘을 클릭하여 코드를 실행합니다.

버튼1을 눌러 출력되는 값을 확인합니다.

버튼을 누를 때 0 click이 출력되고 뗐을 때 1 click이 출력됩니다.

```
>>> %Run -c $EDITOR_CONTENT

  MPY: soft reboot
  0 click
  1 click
  0 click
  1 click
```

버튼을 누를 때와 뗐을 때 2번의 동작을 합니다.

2-4-3. 버튼을 누를 때만 출력하기 2

조건을 하나 더 추가하여 버튼을 누를 때만 출력하도록 코드를 작성해 봅니다.

2-4-3.py

```python
from machine import Pin
import time

button1 = Pin(14, Pin.IN, Pin.PULL_UP)
prev_state = button1.value()

try:
    while True:
        current_state = button1.value()
        if current_state != prev_state:
            prev_state = current_state
            if current_state ==0:
                print(current_state,"click")

        time.sleep(0.1)

except KeyboardInterrupt:
    pass
```

코드 설명

12: 상태가 0일 때, 즉 버튼이 눌린 경우에만 메시지를 출력합니다.

13: 눌림 상태(0)와 함께 "click" 메시지를 출력합니다.

[▶] 현재 스크립트 실행(F5) 아이콘을 클릭하여 코드를 실행합니다.

버튼을 눌러 출력되는 값을 확인합니다.

버튼을 누를 때만 0 click이 출력되었습니다. 떼었을 때는 동작하지 않았습니다.

```
셸
>>> %Run -c $EDITOR_CONTENT

  MPY: soft reboot
  0 click
  0 click
  0 click
```

2-4-4. 버튼을 확인하는 코드를 함수로 만들기

버튼을 확인하는 코드를 함수화하여 재사용이 용의하도록 코드를 작성해 봅니다.

2-4-4.py

```python
from machine import Pin
import time

button1 = Pin(14, Pin.IN, Pin.PULL_UP)
prev_state = button1.value()

def get_button1():
    global prev_state
    current_state = button1.value()
    if current_state != prev_state:
        prev_state = current_state
        if current_state ==0:
            return 1
    else:
        return 0

try:
    while True:
        if get_button1():
            print("click")
        time.sleep(0.1)

except KeyboardInterrupt:
    pass
```

코드 설명

05: prev_state 변수에 버튼의 초기 상태를 저장합니다.

07: get_button1() 함수는 버튼 상태 변화를 감지하고, 버튼이 눌렸을 때만 1을 반환합니다.

08: 함수 내에서 prev_state를 업데이트하기 위해 전역 변수를 사용합니다.

09: current_state에 버튼의 현재 상태를 저장합니다.

10: current_state와 prev_state를 비교하여 버튼 상태가 변경되었는지 확인합니다.

11: 상태가 변경되었을 경우, prev_state를 현재 상태로 업데이트합니다.

12: 상태가 0일 때, 즉 버튼이 눌린 경우에만 1을 반환합니다.

15: 버튼이 눌리지 않은 경우 또는 상태가 변경되지 않았을 경우 0을 반환합니다.

19: get_button1()이 1을 반환할 때(버튼이 눌렸을 때), "click" 메시지를 출력합니다.

[▶] 현재 스크립트 실행(F5) 아이콘을 클릭하여 코드를 실행합니다.

버튼을 눌러 출력되는 값을 확인합니다.

버튼을 누를때만 값이 출력되었습니다.

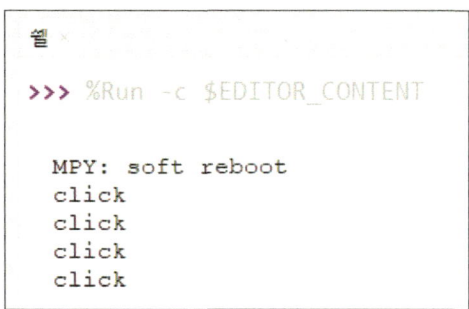

함수를 이용하여 코드의 가독성을 높이고 재사용에 유리하도록 코드를 수정하였습니다.

2-4-5. 여러 개의 버튼을 함수로 만들기

자동차의 두개의 버튼의 값을 입력받는 부분을 함수로 코드를 작성해 보도록 합니다.

2-4-5.py

```python
from machine import Pin
import time

button1 = Pin(14, Pin.IN, Pin.PULL_UP)
prev_state = button1.value()
button2 = Pin(27, Pin.IN, Pin.PULL_UP)
prev_state2 = button2.value()

def get_button1():
    global prev_state
    current_state = button1.value()
    if current_state != prev_state:
        prev_state = current_state
        if current_state ==0:
            return 1
    else:
        return 0

def get_button2():
    global prev_state2
    current_state = button2.value()
    if current_state != prev_state2:
        prev_state2 = current_state
        if current_state ==0:
            return 1
    else:
        return 0

try:
    while True:
        if get_button1():
            print("button1 click")
            time.sleep(0.1)

        if get_button2():
            print("button2 click")
            time.sleep(0.1)

except KeyboardInterrupt:
    pass
```

코드 설명

09: get_button1() 함수는 button1의 상태 변화를 감지하고, 버튼이 눌렸을 때 1을 반환합니다.

19: get_button2() 함수는 button2의 상태 변화를 감지하고, 버튼이 눌렸을 때 1을 반환합니다.

31: get_button1()이 1을 반환할 때, "button1 click" 메시지를 출력합니다.

35: get_button2()이 1을 반환할 때, "button2 click" 메시지를 출력합니다.

[▶] 현재 스크립트 실행(F5) 아이콘을 클릭하여 코드를 실행합니다.

버튼1, 버튼2를 각각 눌러 출력되는 값을 확인해 봅니다.

버튼을 눌렀을 때 각각의 버튼 값이 잘 출력되었습니다.

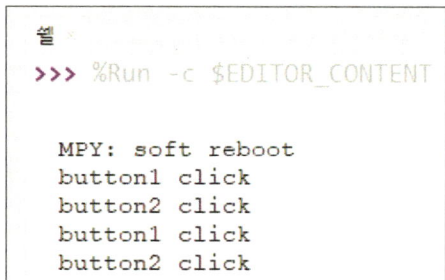

2-4-6. 버튼 클래스 만들기

버튼을 클래스로 만들면 하나의 클래스를 이용하여 버튼이 많아지더라도 코드를 간결하게 유지가 가능합니다. 버튼 클래스를 만들고 활용하는 방법에 대해서 알아봅니다.

2-4-6.py

```python
from machine import Pin
import time

class ButtonClass:
    def __init__(self, pin_number):
        self.button_pin = Pin(pin_number, Pin.IN, Pin.PULL_UP)
        self.prev_state =self.button_pin.value()

    def get_button_state(self):
        current_state =self.button_pin.value()
        if self.prev_state != current_state:
            self.prev_state = current_state
            if current_state ==0:
                return 1
        return 0

button1 = ButtonClass(14)

try:
    while True:
        if button1.get_button_state():
            print("button1 click")
            time.sleep(0.1)

except KeyboardInterrupt:
    pass
```

코드 설명

04: ButtonClass라는 버튼 처리를 위한 클래스를 정의합니다.

05: 클래스 생성자(__init__)는 버튼 핀 번호를 받아 초기화합니다.

06: Pin 객체를 생성하여 button_pin 속성에 저장합니다. PULL_UP 설정으로 버튼이 눌리지 않았을 때 기본적으로 1 값을 유지하도록 합니다.

07: prev_state 속성에 버튼의 초기 상태를 저장합니다.

09: get_button_state() 메서드는 버튼 상태를 감지합니다.

10: current_state에 버튼의 현재 상태를 저장합니다.

11: 이전 상태와 현재 상태를 비교하여 버튼 상태 변화 여부를 확인합니다.

12: 상태가 변경되었을 경우, prev_state를 현재 상태로 업데이트합니다.

13: 상태가 0일 때, 즉 버튼이 눌린 경우 1을 반환합니다.

15: 버튼이 눌리지 않았거나 상태 변화가 없으면 0을 반환합니다.

17: 14번 핀에 연결된 버튼을 처리하기 위해 ButtonClass 객체(button1)를 생성합니다.

21: button1.get_button_state()가 1을 반환할 때(버튼이 눌렸을 때), "button1 click" 메시지를 출력합니다.

[▶] 현재 스크립트 실행(F5) 아이콘을 클릭하여 코드를 실행합니다.

버튼을 눌러 출력되는 값을 확인합니다.

버튼을 누를 때만 값이 출력되었습니다.

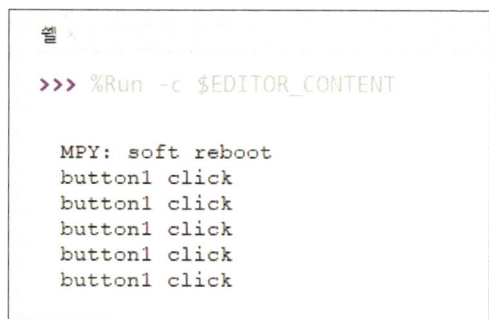

버튼 클래스를 만들어 버튼의 동작을 확인하였습니다.

2-4-7. 버튼 클래스 활용하기

버튼 클래스를 이용하여 여러 개의 버튼 값을 출력해 보도록 합니다.

2-4-7.py

```python
from machine import Pin
import time

class ButtonClass:
    def __init__(self, pin_number):
        self.button_pin = Pin(pin_number, Pin.IN, Pin.PULL_UP)
        self.prev_state =self.button_pin.value()

    def get_button_state(self):
        current_state =self.button_pin.value()
        if self.prev_state != current_state:
            self.prev_state = current_state
            if current_state ==0:
                return 1
        return 0

button1 = ButtonClass(14)
button2 = ButtonClass(27)

try:
    while True:
        if button1.get_button_state():
            print("button1 click")
            time.sleep(0.1)

        if button2.get_button_state():
            print("button2 click")
            time.sleep(0.1)

except KeyboardInterrupt:
    pass
```

코드 설명

17: 14번 핀에 연결된 버튼을 처리하기 위해 ButtonClass 객체(button1)를 생성합니다.

18: 27번 핀에 연결된 버튼을 처리하기 위해 ButtonClass 객체(button2)를 생성합니다.

22: button1.get_button_state()가 1을 반환할 때, "button1 click" 메시지를 출력합니다.

26: button2.get_button_state()가 1을 반환할 때, "button2 click" 메시지를 출력합니다.

[▶] **현재 스크립트 실행(F5) 아이콘을 클릭하여 코드를 실행합니다.**

버튼1, 버튼 2를 각각 눌러 출력되는 값을 확인해 봅니다.

버튼 클래스를 이용하여 두 개의 버튼을 동작시켰습니다.

```
셸 ×
>>> %Run -c $EDITOR_CONTENT

  MPY: soft reboot
  button1 click
  button2 click
  button1 click
  button2 click
```

CHAPTER 03

응용기능 다루기

다양한 센서와 모듈을 활용하여 마이크로파이썬의 실용적인 응용기능들을 다룹니다. 적외선 라인센서와 조도센서 같은 입력 장치부터 모터와 네오픽셀 LED 같은 출력 장치까지, 실제 프로젝트에 적용할 수 있는 기술들을 배웁니다. 또한, 타이머와 인터럽트, 쓰레드와 같은 고급 기능을 통해 효율적인 프로그램 작성 방법을 익혀보겠습니다.

3-1

적외선 라인센서

적외선 라인센서는 적외선을 발사하고 반사되는 빛의 양을 감지하여 밝기 차이를 측정하는 센서입니다. 주로 흰색과 검은색 같은 명암을 구분해 라인을 따라가거나 장애물을 감지하는 데 사용됩니다. 디지털신호를 출력하므로 단순한 조건문으로도 쉽게 활용할 수 있습니다.

3-1-1. 적외선 라인센서 값 읽기

적외선 센서에서 입력 신호를 읽고, 왼쪽과 오른쪽 센서의 값을 실시간으로 출력하는 프로그램을 작성해 봅니다.

3-1-1.py

```python
from machine import Pin
import time

line_left = Pin(35,Pin.IN)
line_right = Pin(34,Pin.IN)

try:
    while True:
        left_value = line_left.value()
        right_value = line_right.value()
        display_value ="L:{}, R:{}".format(left_value,right_value)
        print(display_value)
        time.sleep(0.1)

except KeyboardInterrupt:
    pass
```

코드 설명

01: Pin 모듈을 불러옵니다. 하드웨어 핀을 제어하기 위한 모듈입니다.

02: time 모듈을 불러옵니다. 시간 지연 등의 작업을 처리하기 위한 모듈입니다.

04: line_left 핀을 입력 핀으로 설정합니다. 핀 번호는 35번입니다.

05: line_right 핀을 입력 핀으로 설정합니다. 핀 번호는 34번입니다.

07~08: try 블록을 시작합니다. 프로그램이 실행 중 예외를 처리하기 위한 코드 블록입니다.

09: line_left 핀에서 입력 값을 읽어와 변수 left_value에 저장합니다.

10: line_right 핀에서 입력 값을 읽어와 변수 right_value에 저장합니다.

11: display_value 문자열을 생성합니다. left_value와 right_value 값을 각각 "L:"과 "R:"으로 표시합니다.

12: display_value 문자열을 출력합니다.

13: 0.1초 동안 대기합니다.

15: except KeyboardInterrupt 블록을 시작합니다. 키보드 인터럽트(Ctrl+C)를 처리합니다.

16: pass 키워드를 사용해 아무 작업 없이 예외를 무시하고 종료합니다.

[▶] 현재 스크립트 실행(F5) 아이콘을 클릭하여 코드를 실행합니다.

적외선 센서는 자동차의 바닥 면에 있습니다.

센서가 감지되면 윗면에서 초록색 LED로 센서의 감지 유무를 확인 할 수 있습니다.

센서가 감지되었습니다. 바닥이 흰색 부분으로 적외선이 반사되어 센서를 감지하였습니다.

쉘 영역에 감지센 센서의 값 1이 출력되었습니다.

```
쉘
  L:1, R:1
  L:1, R:1
  L:1, R:1
  L:1, R:1
  L:1, R:1
  L:1, R:1
  L:1, R:1
```

센서를 감지하지 못하면 LED에 불이 들어오지 않습니다. 자동차를 들어 바닥 면과 멀리 띄우거나 바닥 면이 검정이면 적외선 빛을 흡수하여 센서가 감지하지 못합니다.

쉘 영역에 센서의 값 0이 출력되었습니다.

```
쉘
 L:0, R:0
 L:0, R:0
 L:0, R:0
 L:0, R:0
 L:0, R:0
 L:0, R:0
 L:0, R:0
```

3-1-2. time. sleep() 사용하지 않고 일정 시간마다 동작하기

센서값을 읽을 때 너무 빨리 출력되지 않도록 time.sleep()을 사용하여 코드에서 시간을 지연하여 사용합니다. time.sleep()을 사용할 때 무작정 기다리고 있으므로 다른 코드를 넣을 때 지연시간으로 인해 문제가 발생합니다. 내가 원하는 시간에 동작하기 위해서는 time.sleep()을 사용하지 않고 일정 시간마다 동작하는 방법에 대해서 알아봅니다.

time.sleep()을 사용하지 않고 1초마다 동작하여 값을 증가시켜 출력하는 코드를 작성해 봅니다.

3-1-2.py

```python
import time

prev_time =0
cnt =0

try:
    while True:
        current_time = time.ticks_ms()

        if (current_time - prev_time) >=1000:
            prev_time = current_time
            print(cnt)
            cnt +=1

except KeyboardInterrupt:
    pass
```

코드 설명

01: time 모듈을 불러옵니다. 시간과 관련된 작업(밀리초 단위 시간 계산 등)을 처리합니다.

03: prev_time 변수를 초기화합니다. 이전 시간을 저장하기 위해 사용되며, 초기값은 0입니다.

04: cnt 변수를 초기화합니다. 1초마다 증가할 카운트 값입니다. 초기값은 0입니다.

08: current_time 변수에 현재 시간을 밀리초 단위로 저장합니다.

10: if 문을 통해 현재 시간과 이전 시간의 차이가 1000ms(1초) 이상인지 확인합니다.

11: 조건이 참일 경우 prev_time에 현재 시간을 저장하여 다음 주기 기준으로 갱신합니다.

12: 현재 cnt 값을 출력합니다.

13: cnt 값을 1 증가시켜 다음 출력에 반영합니다.

[▶] 현재 스크립트 실행(F5) 아이콘을 클릭하여 코드를 실행합니다.

1초마다 증가된 값이 출력되었습니다. time.sleep()을 사용하지 않고 일정 시간마다 동작하는 코드를 완성하였습니다.

```
>>> %Run -c $EDITOR_CONTENT

 MPY: soft reboot
 0
 1
 2
 3
 4
 5
 6
```

3-1-3. 0.01초마다 값 읽어 출력하기

time.sleep()을 사용하지 않고 0.01초마다 값을 읽어 출력하는 코드를 작성해 봅니다.

3-1-3.py

```python
from machine import Pin
import time

line_left = Pin(35,Pin.IN)
line_right = Pin(34,Pin.IN)

prev_time =0

try:
    while True:
        current_time = time.ticks_ms()

        if (current_time - prev_time) >=10:
            prev_time = current_time

            left_value = line_left.value()
            right_value = line_right.value()
            display_value ="L:{}, R:{}".format(left_value,right_value)
            print(display_value)

except KeyboardInterrupt:
    pass
```

코드 설명

04: line_left 핀을 입력 핀으로 설정합니다. 핀 번호는 35번입니다.

05: line_right 핀을 입력 핀으로 설정합니다. 핀 번호는 34번입니다.

16: line_left 핀에서 입력 값을 읽어와 변수 left_value에 저장합니다.

17: line_right 핀에서 입력 값을 읽어와 변수 right_value에 저장합니다.

18: display_value 문자열을 생성합니다. left_value와 right_value 값을 각각 "L:"과 "R:"으로 표시합니다.

19: display_value 문자열을 출력합니다.

[▶] 현재 스크립트 실행(F5) 아이콘을 클릭하여 코드를 실행합니다.

0.01초마다 라인센서의 값을 읽어 출력하였습니다.

```
셸 ×
 L:1, R:1
 L:1, R:1
 L:1, R:1
 L:1, R:1
 L:1, R:1
 L:1, R:1
 L:1, R:1
```

우리가 사용하는 마이크로파이썬 장치는 임베디드 장치로 OS가 없는 상태로 동작합니다. 하나의 반복문에서 다양한 작업을 하기 위해서는 이처럼 time.sleep()을 사용하지 않고 코드를 작성해야 합니다.

3-2

조도센서

CDS 조도센서는 주변의 빛의 세기를 감지하여 저항값으로 출력하는 광센서입니다. 빛의 세기가 강할수록 저항값이 낮아지고, 약할수록 저항값이 높아지는 특성을 가집니다. 이를 아날로그 입력으로 읽어 다양한 밝기 조건에 따른 동작을 제어하는 데 활용할 수 있습니다.

3-2-1. 아날로그 입력으로 조도 센서값 읽기

아날로그 입력 기능을 활용하여 조도 센서의 값을 읽어 출력해 보도록 합니다.

3-2-1.py

```python
from machine import Pin
from machine import ADC
import time

cds_left = ADC(Pin(36))
cds_left.atten(ADC.ATTN_11DB)

try:
    while True:
        cds_left_value = cds_left.read()
        print(cds_left_value)
        time.sleep(0.5)

except KeyboardInterrupt:
    pass
```

코드 설명

02: ADC 모듈을 불러옵니다. 아날로그 신호를 디지털 값으로 변환하기 위한 모듈입니다.

05: cds_left를 아날로그 핀 36번으로 설정하여 조도 센서를 연결합니다.

06: atten 메서드를 사용해 ADC의 입력 전압 범위를 설정합니다. ADC.ATTN_11DB는 입력 전압을 약 3.6V까지 허용하도록 설정합니다.

10: cds_left.read() 메서드를 호출해 조도 센서에서 읽은 값을 변수 cds_left_value에 저장합니다.

11: cds_left_value 값을 출력합니다.

12: 0.5초 동안 대기합니다.

[▶] 현재 스크립트 실행(F5) 아이콘을 클릭하여 코드를 실행합니다.

조도센서는 자동차의 양쪽에 2개 달려있습니다. 왼쪽의 센서를 사용하여 테스트합니다.

아날로그 입력으로 센서의 값을 읽어 그 값을 출력하였습니다.

```
>>> %Run -c $EDITOR_CONTENT

  MPY: soft reboot
  2559
  2608
  2602
  2601
```

왼쪽 조도센서를 손으로 가려 어둡게 합니다.

아날로그로 측정한 센서의 값이 낮아졌습니다.

```
176
1299
1840
1954
195
168
181
1083
187
304
151
208
```

3-2-2. 전압으로 조도 센서값 읽기

아날로그값을 디지털 값이 아닌 전압값으로 환산하여 출력해 보도록 합니다.

3-2-2.py

```python
01  from machine import Pin
02  from machine import ADC
03  import time
04
05  cds_left = ADC(Pin(36))
06  cds_left.atten(ADC.ATTN_11DB)
07
08  try:
09      while True:
10          cds_left_value = cds_left.read_uv() /1000000.0
11          print(cds_left_value)
12          time.sleep(0.5)
13
14  except KeyboardInterrupt:
15      pass
```

코드 설명

05: cds_left를 아날로그 핀 36번으로 설정하여 조도 센서를 연결합니다.

06: atten 메서드를 사용해 ADC의 입력 전압 범위를 설정합니다. ADC.ATTN_11DB는 입력 전압을 약 3.6V까지 허용하도록 설정합니다.

10: cds_left.read_uv() 메서드를 호출해 센서의 값을 마이크로볼트 단위로 읽어옵니다. 이 값을 1,000,000으로 나누어 전압(V) 단위로 변환하고, cds_left_value 변수에 저장합니다.

11: cds_left_value 값을 출력합니다. 이는 센서에서 측정된 광량에 대응하는 전압입니다.

[▶] 현재 스크립트 실행(F5) 아이콘을 클릭하여 코드를 실행합니다.

조도센서의 값을 아날로그 입력으로 읽어 전압값으로 환산하여 출력하였습니다.

```
MPY: soft reboot
2.433
2.434
2.412
2.139
0.398
0.391
```

3-2-3. 16비트로 조도 센서값 읽기

센서를 조금 더 정밀한 값인 16비트로 읽어 값을 출력해 보도록 합니다.

3-2-3.py

```python
from machine import Pin
from machine import ADC
import time

cds_left = ADC(Pin(36))
cds_left.atten(ADC.ATTN_11DB)

try:
    while True:
        cds_left_value = cds_left.read_u16()
        print(cds_left_value)
        time.sleep(0.5)

except KeyboardInterrupt:
    pass
```

코드 설명

10: cds_left.read_u16() 메서드를 호출해 조도 센서 값을 16비트 정수(0~65535)로 읽어옵니다. 값을 cds_left_value 변수에 저장합니다.

11: cds_left_value 값을 출력합니다. 이는 센서에서 측정된 값으로, 입력 신호의 밝기에 비례합니다.

12: 0.5초 동안 대기합니다.

[▶] 현재 스크립트 실행(F5) 아이콘을 클릭하여 코드를 실행합니다.

값의 범위가 0~65535인 16비트로 아날로그 입력을 사용하였습니다.

```
셸
>>> %Run -c $EDITOR_CONTENT

 MPY: soft reboot
 39241
 39161
 39145
 39129
```

3-2-4. 왼쪽, 오른쪽 두 개의 조도 센서값 읽기

왼쪽, 오른쪽 2개의 센서값을 모두 읽어 출력해 보도록 합니다.

3-2-4.py

```python
from machine import Pin
from machine import ADC
import time

cds_left = ADC(Pin(36))
cds_left.atten(ADC.ATTN_11DB)
cds_right = ADC(Pin(39))
cds_right.atten(ADC.ATTN_11DB)

try:
    while True:
        cds_left_value = cds_left.read()
        cds_right_value = cds_right.read()
        display_data ="L:{}, R:{}".format(cds_left_value,cds_right_value)
        print(display_data)
        time.sleep(0.5)

except KeyboardInterrupt:
    pass
```

코드 설명

05: cds_left를 아날로그 핀 36번으로 설정하여 왼쪽 조도 센서를 연결합니다.

06: atten 메서드를 사용해 cds_left의 ADC 입력 전압 범위를 설정합니다. ADC.ATTN_11DB는 입력 전압을 약 3.6V까지 허용합니다.

07: cds_right를 아날로그 핀 39번으로 설정하여 오른쪽 조도 센서를 연결합니다.

08: atten 메서드를 사용해 cds_right의 ADC 입력 전압 범위를 설정합니다.

12: cds_left.read() 메서드를 호출해 왼쪽 조도 센서 값을 읽어와 cds_left_value 변수에 저장합니다.

13: cds_right.read() 메서드를 호출해 오른쪽 조도 센서 값을 읽어와 cds_right_value 변수에 저장합니다.

14: display_data 문자열을 생성하여 왼쪽과 오른쪽 센서 값을 각각 "L:"과 "R:"으로 표시합니다.

15: display_data 값을 출력합니다.

[▶] **현재 스크립트 실행(F5) 아이콘을 클릭하여 코드를 실행합니다.**

왼쪽, 오른쪽 조도센서의 위치를 확인합니다. 테스트시에는 센서를 손으로 가려 어둡게 하거나 밝게 하여 테스트합니다.

왼쪽, 오른쪽 2개의 센서를 읽어 값을 출력하였습니다.

센서의 위치가 달라 완전한 같은 값을 출력하지는 않습니다.

```
>>> %Run -c $EDITOR_CONTENT

  MPY: soft reboot
  L:2672, R:2128
  L:2672, R:2128
  L:2679, R:2128
  L:2672, R:2129
```

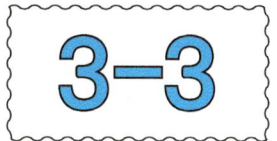

모터

DC 모터는 직류 전원을 사용하여 회전 운동을 생성하는 모터로, 자동차의 창문, 와이퍼, 팬 등 다양한 부품에 사용됩니다. 내부의 코일에 전류가 흐르면서 발생하는 자기장을 이용해 회전하며, 속도와 방향 제어가 가능해 효율적입니다. PWM 신호를 이용하면 정밀한 속도 조절도 가능합니다.

3-3-1. 왼쪽 모터 속도 제어하기

왼쪽 모터의 속도를 제어하는 코드를 작성해 봅니다.

3-3-1.py

```python
01    from machine import Pin,PWM
02    import time
03
04    MOTOR_L_F_R = Pin(32,Pin.OUT)
05    MOTOR_L_SPEED = PWM(Pin(33),freq=1000,duty=0)
06
07    try:
08        while True:
09            print("duty: 0")
10            MOTOR_L_F_R.value(0)
11            MOTOR_L_SPEED.duty(0)
12            time.sleep(1.0)
13
14            print("duty: 400")
15            MOTOR_L_F_R.value(0)
16            MOTOR_L_SPEED.duty(400)
17            time.sleep(1.0)
18
19            print("duty: 800")
20            MOTOR_L_F_R.value(0)
21            MOTOR_L_SPEED.duty(800)
22            time.sleep(1.0)
```

```
23
24              print("duty: 1023")
25              MOTOR_L_F_R.value(0)
26              MOTOR_L_SPEED.duty(1023)
27              time.sleep(1.0)
28
29    except KeyboardInterrupt:
30         MOTOR_L_SPEED.duty(0)
31         MOTOR_L_SPEED.deinit()
```

코드 설명

01: Pin과 PWM 모듈을 불러옵니다. 핀 제어와 PWM 신호 출력을 처리하기 위한 모듈입니다.

02: time 모듈을 불러옵니다. 시간 지연 등의 작업을 처리하기 위한 모듈입니다.

04: MOTOR_L_F_R 핀을 출력 핀으로 설정합니다. 핀 번호는 32번이며, 모터의 회전 방향을 제어합니다.

05: MOTOR_L_SPEED 핀을 PWM 출력으로 설정합니다. 핀 번호는 33번이며, 주파수는 1000Hz, 듀티 사이클은 0%(멈춤)로 초기화합니다.

09: "duty: 0" 문자열을 출력하여 현재 듀티 사이클 상태를 표시합니다.

10: MOTOR_L_F_R.value(0)로 모터를 설정합니다. 이 경우 특정 방향으로 설정됩니다.

11: MOTOR_L_SPEED.duty(0)**을 사용하여 모터 속도를 0%로 설정합니다(모터 정지).

12: 1초 동안 대기합니다.

14~27: 듀티 사이클을 400(약 40%), 800(약 80%), 1023(100%)로 순차적으로 변경하며, 모터 속도를 조절합니다. 각 단계마다 1초 대기하며 상태를 출력합니다.

29: except KeyboardInterrupt 블록에서 키보드 인터럽트(Ctrl+C)를 처리합니다.

30: MOTOR_L_SPEED.duty(0)으로 듀티 사이클을 0%로 설정하여 모터를 정지합니다.

31: MOTOR_L_SPEED.deinit()을 호출하여 PWM 핀을 초기 상태로 되돌리고 자원을 해제합니다.

[▶] 현재 스크립트 실행(F5) 아이콘을 클릭하여 코드를 실행합니다.

모터의 전원은 배터리에서 공급되므로 전원스위치를 ON으로 합니다. 왼쪽 모터가 동작하므로 자동차를 손으로 들어 자동차가 굴러가지 않도록 한 다음 코드를 실행합니다.

*안전하게 코드를 종료하기 위해서는 쉘 영역에서 [컨트롤 + c]를 눌러 코드를 종료합니다.

쉘 영역에는 duty비가 출력됩니다. duty는 0~1023까지로 값이 클수록 모터가 빨리 회전합니다.

```
쉘
>>> %Run -c $EDITOR_CONTENT

MPY: soft reboot
duty: 0
duty: 400
duty: 800
duty: 1023
```

3-3-2. 왼쪽 모터 방향 제어하기

왼쪽 모터의 방향을 제어하는 코드를 작성해 봅니다.

3-3-2.py

```python
from machine import Pin,PWM
import time

MOTOR_L_F_R = Pin(32,Pin.OUT)
MOTOR_L_SPEED = PWM(Pin(33),freq=1000,duty=0)

try:
    while True:
        print("0")
        MOTOR_L_F_R.value(0)
        MOTOR_L_SPEED.duty(512)
        time.sleep(1.0)

        print("1")
        MOTOR_L_F_R.value(1)
        MOTOR_L_SPEED.duty(512)
        time.sleep(1.0)

except KeyboardInterrupt:
    MOTOR_L_SPEED.duty(0)
    MOTOR_L_SPEED.deinit()
```

코드 설명

04: MOTOR_L_F_R 핀을 출력 핀으로 설정합니다. 핀 번호는 32번이며, 모터의 회전 방향을 제어합니다.

05: MOTOR_L_SPEED 핀을 PWM 출력으로 설정합니다. 핀 번호는 33번이며, 주파수는 1000Hz, 듀티 사이클은 0%(멈춤)로 초기화합니다.

09: "0" 문자열을 출력하여 모터의 현재 방향 상태를 표시합니다.

10: MOTOR_L_F_R.value(0)으로 모터를 설정합니다. 이 경우 특정 방향으로 회전합니다.

11: MOTOR_L_SPEED.duty(512)로 듀티 사이클을 50%로 설정하여 모터가 절반 속도로 동작합니다.

12: 1초 동안 대기합니다.

14: "1" 문자열을 출력하여 모터의 방향 상태를 표시합니다.

15: MOTOR_L_F_R.value(1)로 모터의 방향을 반대로 설정합니다.

16: MOTOR_L_SPEED.duty(512)로 듀티 사이클을 유지하며 반대 방향으로 모터를 동작시킵니다.

17: 1초 동안 대기합니다.

[▶] 현재 스크립트 실행(F5) 아이콘을 클릭하여 코드를 실행합니다.

모터의 전원은 배터리에서 공급되므로 전원스위치를 ON으로 합니다.

왼쪽 바퀴가 앞으로 1초 동안 뒤로 1초 동안 회전합니다.

*안전하게 코드를 종료하기 위해서는 쉘 영역에서 [컨트롤 + c]를 눌러 코드를 종료합니다.

회전할 때 0, 1을 출력합니다. 0, 1은 모터드라이버로 들어가는 신호로 신호에 따라 모터의 방향을 결정합니다. 주의할 점은 1이라고 꼭 앞으로 회전하지는 않습니다. 왼쪽, 오른쪽 2개의 모터는 180도 반대로 자동차에 달려있어. 왼쪽 모터가 0일 때 앞으로 회전한다면 오른쪽 모터는 0일 때 뒤로 회전합니다.

```
쉘
1
0
1
0
1
0
1
0
1
```

3-3-3. 양쪽 모터 방향 확인하기

양쪽 모터의 방향을 확인하는 코드를 작성해 봅니다.

3-3-3.py

```python
from machine import Pin,PWM
import time

MOTOR_L_F_R = Pin(32,Pin.OUT)
MOTOR_L_SPEED = PWM(Pin(33),freq=1000,duty=0)

MOTOR_R_F_R = Pin(23,Pin.OUT)
MOTOR_R_SPEED = PWM(Pin(22),freq=1000,duty=0)

try:
    while True:
        print("0")
        MOTOR_L_F_R.value(0)
        MOTOR_L_SPEED.duty(512)
        MOTOR_R_F_R.value(0)
        MOTOR_R_SPEED.duty(512)
        time.sleep(1.0)

        print("1")
        MOTOR_L_F_R.value(1)
        MOTOR_L_SPEED.duty(512)
        MOTOR_R_F_R.value(1)
        MOTOR_R_SPEED.duty(512)
        time.sleep(1.0)


except KeyboardInterrupt:
    MOTOR_L_SPEED.duty(0)
    MOTOR_L_SPEED.deinit()
    MOTOR_R_SPEED.duty(0)
    MOTOR_R_SPEED.deinit()
```

코드 설명

04: MOTOR_L_F_R 핀을 출력 핀으로 설정합니다. 핀 번호는 32번이며, 왼쪽 모터의 회전 방향을 제어합니다.

05: MOTOR_L_SPEED 핀을 PWM 출력으로 설정합니다. 핀 번호는 33번이며, 왼쪽 모터의 속도를 제어합니다. 주파수는 1000Hz, 듀티 사이클은 초기값 0%로 설정됩니다.

07: MOTOR_R_F_R 핀을 출력 핀으로 설정합니다. 핀 번호는 23번이며, 오른쪽 모터의 회전 방향을 제어합니다.

08: MOTOR_R_SPEED 핀을 PWM 출력으로 설정합니다. 핀 번호는 22번이며, 오른쪽 모터의 속도를 제어합니다. 주파수는 1000Hz, 듀티 사이클은 초기값 0%로 설정됩니다.

12: "0" 문자열을 출력하여 두 모터의 현재 방향 상태를 표시합니다.

13: MOTOR_L_F_R.value(0)으로 왼쪽 모터를 특정 방향으로 설정합니다.

14: MOTOR_L_SPEED.duty(512)로 왼쪽 모터의 듀티 사이클을 50%로 설정하여 절반 속도로 동작시킵니다.

15: MOTOR_R_F_R.value(0)으로 오른쪽 모터를 특정 방향으로 설정합니다.

16: MOTOR_R_SPEED.duty(512)로 오른쪽 모터의 듀티 사이클을 50%로 설정합니다.

17: 1초 동안 대기합니다.

19: "1" 문자열을 출력하여 두 모터의 방향 상태를 표시합니다.

20: MOTOR_L_F_R.value(1)로 왼쪽 모터의 방향을 반대로 설정합니다.

21: MOTOR_L_SPEED.duty(512)로 왼쪽 모터를 동일한 속도로 반대 방향으로 동작시킵니다.

22: MOTOR_R_F_R.value(1)로 오른쪽 모터의 방향을 반대로 설정합니다.

23: MOTOR_R_SPEED.duty(512)로 오른쪽 모터를 동일한 속도로 반대 방향으로 동작시킵니다.

[▶] 현재 스크립트 실행(F5) 아이콘을 클릭하여 코드를 실행합니다.

모터의 전원은 배터리에서 공급되므로 전원스위치를 ON으로 합니다.

양쪽의 바퀴는 반대 방향으로 회전합니다. 같은 값을 주었지만, 모터의 방향이 반대로 달려있으므로 모터의 방향은 서로 반대로 회전합니다.

자동차가 왼쪽 오른쪽으로 회전합니다.

*안전하게 코드를 종료하기 위해서는 쉘 영역에서 [컨트롤 + c]를 눌러 코드를 종료합니다.

3-3-4. 양쪽 모터 방향 제어하기

양쪽 모터의 방향을 제어해서 자동차를 움직이는 코드를 작성해 봅니다.

3-3-4.py

```python
from machine import Pin,PWM
import time

MOTOR_L_F_R = Pin(32,Pin.OUT)
MOTOR_L_SPEED = PWM(Pin(33),freq=1000,duty=0)

MOTOR_R_F_R = Pin(23,Pin.OUT)
MOTOR_R_SPEED = PWM(Pin(22),freq=1000,duty=0)

try:
    while True:
        print("go")
        MOTOR_L_F_R.value(0)
        MOTOR_L_SPEED.duty(512)
        MOTOR_R_F_R.value(1)
        MOTOR_R_SPEED.duty(512)
        time.sleep(2.0)

        print("back")
        MOTOR_L_F_R.value(1)
        MOTOR_L_SPEED.duty(512)
        MOTOR_R_F_R.value(0)
        MOTOR_R_SPEED.duty(512)
        time.sleep(2.0)

        print("left")
        MOTOR_L_F_R.value(1)
        MOTOR_L_SPEED.duty(512)
        MOTOR_R_F_R.value(1)
        MOTOR_R_SPEED.duty(512)
        time.sleep(2.0)

        print("right")
        MOTOR_L_F_R.value(0)
        MOTOR_L_SPEED.duty(512)
        MOTOR_R_F_R.value(0)
        MOTOR_R_SPEED.duty(512)
        time.sleep(2.0)

except KeyboardInterrupt:
    MOTOR_L_SPEED.duty(0)
    MOTOR_L_SPEED.deinit()
    MOTOR_R_SPEED.duty(0)
    MOTOR_R_SPEED.deinit()
```

코드 설명

12: "go" 문자열을 출력하여 전진 동작 상태를 알립니다.

13: MOTOR_L_F_R.value(0)으로 왼쪽 모터를 전진 방향으로 설정합니다.

14: MOTOR_L_SPEED.duty(512)로 왼쪽 모터의 듀티 사이클을 50%로 설정합니다.

15: MOTOR_R_F_R.value(1)으로 오른쪽 모터를 전진 방향으로 설정합니다.

16: MOTOR_R_SPEED.duty(512)로 오른쪽 모터의 듀티 사이클을 50%로 설정합니다.

17: 전진 상태로 2초 동안 대기합니다.

19: "back" 문자열을 출력하여 후진 동작 상태를 알립니다.

20: MOTOR_L_F_R.value(1)로 왼쪽 모터를 후진 방향으로 설정합니다.

21: MOTOR_L_SPEED.duty(512)로 왼쪽 모터를 설정한 속도로 동작시킵니다.

22: MOTOR_R_F_R.value(0)로 오른쪽 모터를 후진 방향으로 설정합니다.

23: MOTOR_R_SPEED.duty(512)로 오른쪽 모터를 설정한 속도로 동작시킵니다.

24: 후진 상태로 2초 동안 대기합니다.

26: "left" 문자열을 출력하여 좌회전 상태를 알립니다.

27: MOTOR_L_F_R.value(1)로 왼쪽 모터를 후진 방향으로 설정합니다.

28: MOTOR_L_SPEED.duty(512)로 왼쪽 모터를 설정한 속도로 동작시킵니다.

29: MOTOR_R_F_R.value(1)로 오른쪽 모터를 전진 방향으로 설정합니다.

30: MOTOR_R_SPEED.duty(512)로 오른쪽 모터를 설정한 속도로 동작시킵니다.

31: 좌회전 상태로 2초 동안 대기합니다.

33: "right" 문자열을 출력하여 우회전 상태를 알립니다.

34: MOTOR_L_F_R.value(0)로 왼쪽 모터를 전진 방향으로 설정합니다.

35: MOTOR_L_SPEED.duty(512)로 왼쪽 모터를 설정한 속도로 동작시킵니다.

36: MOTOR_R_F_R.value(0)로 오른쪽 모터를 후진 방향으로 설정합니다.

37: MOTOR_R_SPEED.duty(512)로 오른쪽 모터를 설정한 속도로 동작시킵니다.

38: 우회전 상태로 2초 동안 대기합니다.

[▶] 현재 스크립트 실행(F5) 아이콘을 클릭하여 코드를 실행합니다.

모터의 전원은 배터리에서 공급되므로 전원스위치를 ON으로 합니다.

자동차가 앞, 뒤, 왼쪽, 오른쪽으로 이동합니다.

*안전하게 코드를 종료하기 위해서는 쉘 영역에서 [컨트롤 + c]를 눌러 코드를 종료합니다.

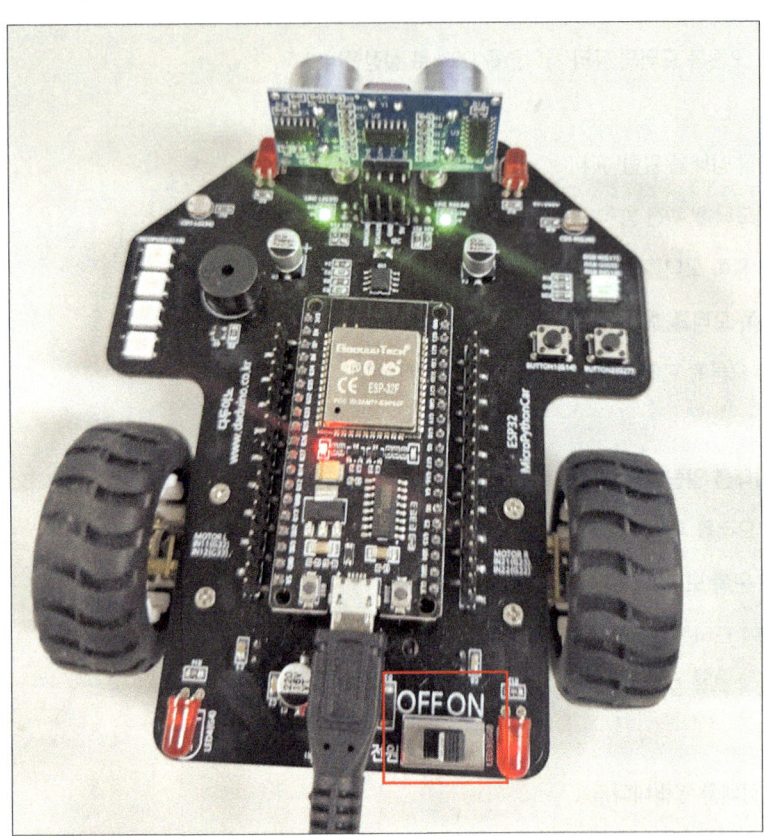

쉘영역에는 이동하는 방향을 출력합니다.

```
MPY: soft reboot
go
back
left
right
go
back
left
right
```

3-3-5. 자동차의 이동 방향 속도제어 함수 만들어 사용하기

핀을 제어하는 코드를 함수로 만들어 이동하는 방향을 잘 알 수 있도록 합니다. 함수로 만들어 사용하면 사용하는 곳에서 어떠한 방향으로 자동차가 이동하는지 이해하기 쉽고 코드를 재사용하기에 수월합니다.

3-3-5.py

```python
from machine import Pin,PWM
import time

MOTOR_L_F_R = Pin(32,Pin.OUT)
MOTOR_L_SPEED = PWM(Pin(33),freq=1000,duty=0)

MOTOR_R_F_R = Pin(23,Pin.OUT)
MOTOR_R_SPEED = PWM(Pin(22),freq=1000,duty=0)

def car_go(speed):
    MOTOR_L_F_R.value(0)
    MOTOR_L_SPEED.duty(speed)
    MOTOR_R_F_R.value(1)
    MOTOR_R_SPEED.duty(speed)

def car_back(speed):
    MOTOR_L_F_R.value(1)
    MOTOR_L_SPEED.duty(speed)
    MOTOR_R_F_R.value(0)
    MOTOR_R_SPEED.duty(speed)

def car_left(speed):
    MOTOR_L_F_R.value(1)
    MOTOR_L_SPEED.duty(0)
    MOTOR_R_F_R.value(1)
    MOTOR_R_SPEED.duty(speed)

def car_right(speed):
    MOTOR_L_F_R.value(0)
    MOTOR_L_SPEED.duty(speed)
    MOTOR_R_F_R.value(0)
    MOTOR_R_SPEED.duty(0)

def car_stop():
    MOTOR_L_F_R.value(0)
    MOTOR_L_SPEED.duty(0)
    MOTOR_R_F_R.value(0)
    MOTOR_R_SPEED.duty(0)

try:
    while True:
        car_go(512)
        print("go")
        time.sleep(2.0)

        car_back(512)
        print("back")
        time.sleep(2.0)
```

```
49
50              car_left(512)
51              print("left")
52              time.sleep(2.0)
53
54              car_right(512)
55              print("right")
56              time.sleep(2.0)
57
58              car_stop()
59              print("stop")
60              time.sleep(2.0)
61
62      except KeyboardInterrupt:
63          MOTOR_L_SPEED.duty(0)
64          MOTOR_L_SPEED.deinit()
65          MOTOR_R_SPEED.duty(0)
66          MOTOR_R_SPEED.deinit()
```

코드 설명

10~14: car_go 함수는 두 모터를 사용하여 자동차를 전진시키는 기능을 제공합니다. speed 매개변수를 통해 속도를 설정합니다.

16~20: car_back 함수는 두 모터를 사용하여 자동차를 후진시키는 기능을 제공합니다. speed 매개변수를 통해 속도를 설정합니다.

22~26: car_left 함수는 자동차를 좌회전시키는 기능을 제공합니다. 왼쪽 모터를 정지하고, 오른쪽 모터를 설정된 속도로 작동시킵니다.

28~32: car_right 함수는 자동차를 우회전시키는 기능을 제공합니다. 오른쪽 모터를 정지하고, 왼쪽 모터를 설정된 속도로 작동시킵니다.

34~38: car_stop 함수는 두 모터를 모두 정지시켜 자동차를 멈추는 기능을 제공합니다.

42: car_go 함수를 호출하여 자동차를 전진 상태로 설정합니다. 속도는 512로 설정됩니다.

43: "go" 문자열을 출력합니다.

44: 전진 상태로 2초 동안 대기합니다.

46: car_back 함수를 호출하여 자동차를 후진 상태로 설정합니다.

47: "back" 문자열을 출력합니다.

48: 후진 상태로 2초 동안 대기합니다.

50: car_left 함수를 호출하여 자동차를 좌회전 상태로 설정합니다.

51: "left" 문자열을 출력합니다.

52: 좌회전 상태로 2초 동안 대기합니다.

54: car_right 함수를 호출하여 자동차를 우회전 상태로 설정합니다.

55: "right" 문자열을 출력합니다.

56: 우회전 상태로 2초 동안 대기합니다.

58: car_stop 함수를 호출하여 자동차를 정지 상태로 설정합니다.

59: "stop" 문자열을 출력합니다.

60: 정지 상태로 2초 동안 대기합니다.

[▶] 현재 스크립트 실행(F5) 아이콘을 클릭하여 코드를 실행합니다.

모터의 전원은 배터리에서 공급되므로 전원스위치를 ON으로 합니다.

자동차가 앞, 뒤, 왼쪽, 오른쪽으로 이동합니다. 함수를 이용하여 코드에서 어떤 방향으로 이동하고 있는지 이해하기 쉽습니다.

*안전하게 코드를 종료하기 위해서는 쉘 영역에서 [컨트롤 + c]를 눌러 코드를 종료합니다.

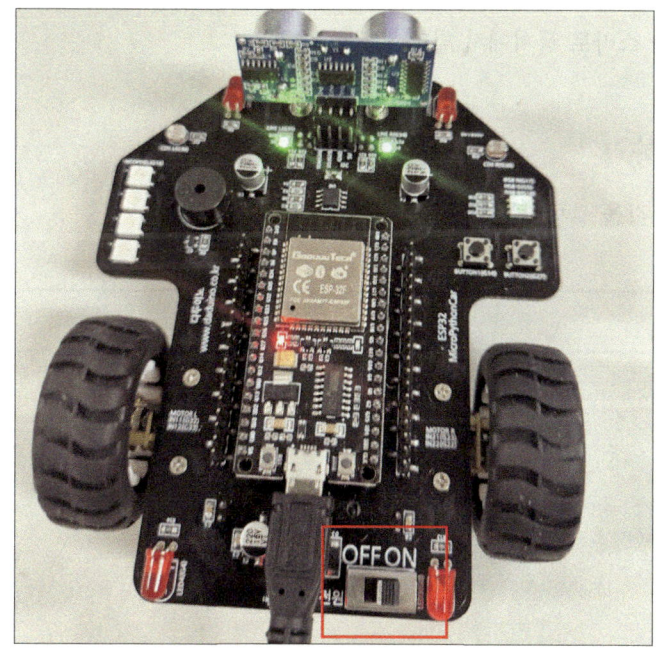

쉘영역에는 이동하는 방향을 출력합니다.

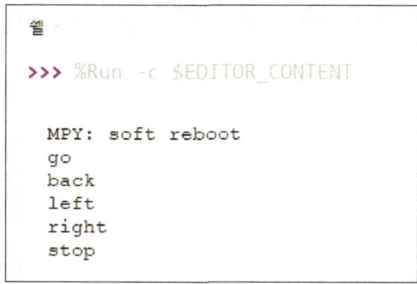

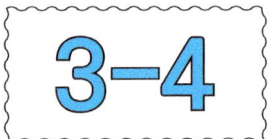

초음파센서

초음파센서는 초음파를 발사하고 반사되어 돌아오는 시간을 측정해 물체와의 거리를 계산하는 센서입니다. 물리적인 접촉 없이도 거리 측정이 가능하며, 로봇의 장애물 회피나 거리 감지와 같은 다양한 용도에 활용됩니다. 정밀도가 높고 신뢰성이 뛰어나 스마트 장치에서 널리 사용됩니다.

3-4-1. 초음파센서로 거리 측정하기

초음파센서를 이용하여 거리를 측정하고 그 값을 출력하는 코드를 작성해 봅니다.

3-4-1.py

```python
import machine
import time
from machine import Pin

trigger = Pin(21, mode=Pin.OUT, pull=None)
echo = Pin(13, mode=Pin.IN, pull=None)
trigger.value(0)

try:
    while True:
        trigger.value(0)
        time.sleep_us(5)
        trigger.value(1)
        time.sleep_us(10)
        trigger.value(0)
        
        pulse_time = machine.time_pulse_us(echo, 1)
        distance_cm = (pulse_time /2) /29.1
        print(distance_cm, "cm")
        time.sleep(0.1)
        
except KeyboardInterrupt:
    pass
```

코드 설명

05: trigger 핀을 출력 핀으로 설정합니다. 핀 번호는 21번이며, 초음파 신호를 발생시킵니다.

06: echo 핀을 입력 핀으로 설정합니다. 핀 번호는 13번이며, 반사된 초음파 신호를 수신합니다.

07: trigger 핀의 초기 값을 0으로 설정하여 신호를 발생하지 않도록 합니다.

11: trigger 핀의 값을 0으로 설정하여 초음파 신호를 준비합니다.

12: 5마이크로초 동안 대기합니다.

13: trigger 핀의 값을 1로 설정하여 초음파 신호를 발생시킵니다.

14: 10마이크로초 동안 신호를 유지합니다.

15: trigger 핀의 값을 다시 0으로 설정하여 신호를 종료합니다.

17: time_pulse_us 함수를 호출하여 echo 핀에서 초음파 신호가 반환되는 시간을 마이크로초 단위로 측정합니다.

18: 초음파의 이동 시간을 기반으로 거리를 계산합니다. 신호 왕복 시간을 절반으로 나눈 후 초음파 속도(29.1마이크로초/센티미터)를 사용하여 센티미터 단위로 변환합니다.

19: 측정된 거리를 "cm" 단위로 출력합니다.

20: 0.1초 동안 대기합니다.

[▶] 현재 스크립트 실행(F5) 아이콘을 클릭하여 코드를 실행합니다.

초음파센서를 손으로 가려 거리를 측정합니다.

응용기능 다루기 117

측정된 거릿값이 쉘 영역에 출력되었습니다.

```
쉘 ×
16.61512 cm
5.24055 cm
4.587629 cm
7.164948 cm
5.24055 cm
9.158075 cm
16.61512 cm
8.848797 cm
21.71821 cm
```

3-4-2. timeout을 설정하여 응답성 높이기

우리가 사용하는 초음파센서 HC-SR04는 최대 측정 거리가 2m입니다. 왕복으로는 최대 4m까지입니다. 이 이상은 측정이 불가능하여 이 초음파가 갈 수 있는 거리 4m를 시간으로 계산하여 타임아웃을 걸어 센서의 응답성을 높이는 코드를 작성해 봅니다.

3-4-2.py
```python
01  import machine
02  import time
03  from machine import Pin
04
05  trigger = Pin(21, mode=Pin.OUT, pull=None)
06  echo = Pin(13, mode=Pin.IN, pull=None)
07  trigger.value(0)
08
09  timeout =30000
10
11  try:
12      while True:
13          trigger.value(0)
14          time.sleep_us(5)
15          trigger.value(1)
16          time.sleep_us(10)
17          trigger.value(0)
18
19          pulse_time = machine.time_pulse_us(echo, 1, timeout)
20          distance_cm = (pulse_time /2) /29.1
21          print(distance_cm, "cm")
22          time.sleep(0.1)
23
24  except KeyboardInterrupt:
25      pass
```

코드 설명

09: timeout 변수에 30000 마이크로초(30ms)를 설정합니다. 신호가 반환되지 않을 경우 해당 시간을 초과하면 중단됩니다.

19: time_pulse_us 함수를 호출하여 echo 핀에서 초음파 신호가 반환되는 시간을 마이크로초 단위로 측정합니다. timeout 값을 설정하여 신호가 반환되지 않으면 제한 시간 후 중단합니다.

[▶] 현재 스크립트 실행(F5) 아이콘을 클릭하여 코드를 실행합니다.

초음파센서를 2m 이상 되는 곳을 비추어 측정합니다. 측정되지 못하는 값은 -값이 출력됩니다. 센서의 스펙은 2m나 더 먼 거리도 측정은 가능합니다. 다만 값을 신뢰하지는 못합니다.

```
쉘
 -0.01718213 cm
 385.756 cm
 380.8763 cm
 -0.01718213 cm
 -0.01718213 cm
 387.4914 cm
 -0.01718213 cm
 -0.01718213 cm
 -0.01718213 cm
 386.7869 cm
 387.8694 cm
 -0.01718213 cm
```

3-4-3. 거리 에러 처리하기

우리가 사용하는 HC-SR04 센서의 스펙인 2cm~200cm까지만 측정한 값을 사용하는 코드를 작성해 봅니다.

3-4-3.py

```python
01  import machine
02  import time
03  from machine import Pin
04  
05  trigger = Pin(21, mode=Pin.OUT, pull=None)
06  echo = Pin(13, mode=Pin.IN, pull=None)
07  trigger.value(0)
08  
09  timeout =30000
10  
11  try:
12      while True:
```

```
13              trigger.value(0)
14              time.sleep_us(5)
15              trigger.value(1)
16              time.sleep_us(10)
17              trigger.value(0)
18
19              pulse_time = machine.time_pulse_us(echo, 1, timeout)
20              distance_cm = (pulse_time /2) /29.1
21              if 2 <= distance_cm <=200:
22                  print(distance_cm, "cm")
23              else:
24                  print("sensor error")
25              time.sleep(0.1)
26
27      except KeyboardInterrupt:
28          pass
```

코드 설명

21: if 문을 사용하여 측정된 거리가 2cm 이상 200cm 이하의 유효 범위 내에 있는지 확인합니다.

22: 유효 범위 내의 거리 값을 "cm" 단위로 출력합니다.

23~24: 유효 범위를 벗어난 값은 "sensor error" 메시지를 출력합니다.

[▶] 현재 스크립트 실행(F5) 아이콘을 클릭하여 코드를 실행합니다.

2cm~200cm의 범위를 벗어날 때 sensor error 메시지가 출력됩니다.

```
sensor error
sensor error
sensor error
174.2096 cm
172.9897 cm
sensor error
37.8866 cm
36.71821 cm
38.09278 cm
171.0825 cm
```

3-4-4. 함수로 만들어 사용하기
초음파센서로 거리를 측정하는 코드를 함수로 만들어 사용하기 편리하게 만들어 거리를 측정해 봅니다.

3-4-4.py

```
01  import machine
02  import time
03  from machine import Pin
```

```
04
05    trigger = Pin(21, mode=Pin.OUT, pull=None)
06    echo = Pin(13, mode=Pin.IN, pull=None)
07    trigger.value(0)
08
09    def get_distance_cm():
10        trigger.value(0)
11        time.sleep_us(5)
12        trigger.value(1)
13        time.sleep_us(10)
14        trigger.value(0)
15
16        pulse_time = machine.time_pulse_us(echo, 1, 30000)
17        distance_cm = (pulse_time /2) /29.1
18        if 2 <= distance_cm <=200:
19            return distance_cm
20        else:
21            return 0
22
23    try:
24        while True:
25            distance_cm = get_distance_cm()
26            if(distance_cm !=0):
27                print(distance_cm,"cm")
28            time.sleep(0.1)
29
30    except KeyboardInterrupt:
31        pass
```

코드 설명

09~21: get_distance_cm 함수를 정의합니다. 초음파 센서를 사용하여 물체와의 거리를 측정하고 유효한 값을 반환합니다.

18~21: 측정된 거리가 2cm 이상 200cm 이하의 유효 범위에 있으면 거리 값을 반환하고, 그렇지 않으면 0을 반환합니다.

25: get_distance_cm 함수를 호출하여 거리 값을 측정합니다.

26~27: 측정된 값이 0이 아닐 경우 거리를 "cm" 단위로 출력합니다.

[▶] 현재 스크립트 실행(F5) 아이콘을 클릭하여 코드를 실행합니다.

함수를 만들어 거리를 측정하였습니다.

```
43.09278 cm
41.30584 cm
41.30584 cm
41.75257 cm
41.78694 cm
41.78694 cm
41.78694 cm
43.09278 cm
42.69759 cm
```

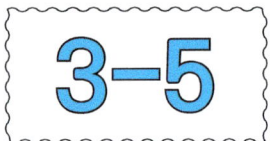

네오픽셀

네오픽셀 LED는 개별적으로 색상과 밝기를 제어할 수 있는 스마트 RGB LED입니다. 각 LED에는 데이터 신호를 처리하는 칩이 내장되어 있어 간단한 제어 핀으로도 다수의 LED를 제어할 수 있습니다. 이를 통해 다양한 색상 조합과 애니메이션 효과를 구현할 수 있어 조명과 디스플레이 프로젝트에 널리 사용됩니다.

3-5-1. 네오픽셀 LED 밝기 조절하기

네오픽셀 LED에 빨간색을 켜고 밝기를 조절해 보도록 합니다.

3-5-1.py

```
01  from machine import Pin
02  from neopixel import NeoPixel
03  import time
04
05  neopixel_pin = Pin(16,Pin.OUT)
06  neopixel_count =4
07  neopixel_led=NeoPixel(neopixel_pin,neopixel_count)
08
09  try:
10      while True:
11          neopixel_led[0] = (0, 0, 0)
12          neopixel_led.write()
13          time.sleep_ms(1000)
14
15          neopixel_led[0] = (50, 0, 0)
16          neopixel_led.write()
17          time.sleep_ms(1000)
18
19          neopixel_led[0] = (100, 0, 0)
20          neopixel_led.write()
21          time.sleep_ms(1000)
22
```

```
23              neopixel_led[0] = (255, 0, 0)
24              neopixel_led.write()
25              time.sleep_ms(1000)
26
27  except KeyboardInterrupt:
28      for i in range(neopixel_count):
29          neopixel_led[i]=(0, 0, 0)
30          neopixel_led.write()
```

코드 설명

02: NeoPixel 클래스를 불러옵니다. NeoPixel LED 제어를 위한 클래스입니다.

05: neopixel_pin을 출력 핀으로 설정합니다. 핀 번호는 16번입니다.

06: neopixel_count 변수에 NeoPixel LED의 개수를 설정합니다. 이 예제에서는 4개로 설정되었습니다.

07: neopixel_led 객체를 생성합니다. neopixel_pin과 neopixel_count를 사용하여 NeoPixel LED를 초기화합니다.

11~12: 첫 번째 NeoPixel LED를 끄기 위해 (0, 0, 0) 색상을 설정하고 적용(write)합니다.

13: 1초 동안 대기합니다.

15~17: 첫 번째 NeoPixel LED를 어두운 빨간색 (50, 0, 0)으로 설정하고 적용합니다. 1초 동안 대기합니다.

19~21: 첫 번째 NeoPixel LED를 중간 밝기의 빨간색 (100, 0, 0)으로 설정하고 적용합니다. 1초 동안 대기합니다.

23~25: 첫 번째 NeoPixel LED를 최대 밝기의 빨간색 (255, 0, 0)으로 설정하고 적용합니다. 1초 동안 대기합니다.

27~30: except KeyboardInterrupt 블록에서 키보드 인터럽트(Ctrl+C)를 처리합니다.

28~29: 모든 NeoPixel LED를 끄기 위해 각 LED의 색상을 (0, 0, 0)으로 설정합니다.

30: LED 설정을 적용(write)하여 모든 NeoPixel LED를 끕니다.

[▶] **현재 스크립트 실행(F5) 아이콘을 클릭하여 코드를 실행합니다.**

네오픽셀 LED에 빨간색을 켜고 밝기를 조절하였습니다.

*안전하게 코드를 종료하기 위해서는 쉘 영역에서 [컨트롤 + c]를 눌러 코드를 종료합니다.

3-5-2. 네오픽셀 LED 색상 조절하기

네오픽셀 LED를 제어하여 첫 번째 LED의 색상을 빨간색, 녹색, 파란색으로 1초 간격으로 변경하는 프로그램을 작성합니다.

3-5-2.py

```python
from machine import Pin
from neopixel import NeoPixel
import time

neopixel_pin = Pin(16,Pin.OUT)
neopixel_count =4
neopixel_led=NeoPixel(neopixel_pin,neopixel_count)

try:
    while True:
        neopixel_led[0] = (255, 0, 0)
        neopixel_led.write()
        time.sleep_ms(1000)
        
        neopixel_led[0] = (0, 255, 0)
        neopixel_led.write()
        time.sleep_ms(1000)
        
        neopixel_led[0] = (0, 0, 255)
        neopixel_led.write()
        time.sleep_ms(1000)

except KeyboardInterrupt:
    for i in range(neopixel_count):
        neopixel_led[i]=(0, 0, 0)
        neopixel_led.write()
```

코드 설명

11~13: 첫 번째 NeoPixel LED를 빨간색 (255, 0, 0)으로 설정하고 적용(write)합니다. 1초 동안 대기합니다.

15~17: 첫 번째 NeoPixel LED를 녹색 (0, 255, 0)으로 설정하고 적용합니다. 1초 동안 대기합니다.

19~21: 첫 번째 NeoPixel LED를 파란색 (0, 0, 255)으로 설정하고 적용합니다. 1초 동안 대기합니다.

[▶] **현재 스크립트 실행(F5) 아이콘을 클릭하여 코드를 실행합니다.**

네오픽셀 LED의 색상을 빨간색, 녹색, 파란색으로 제어하였습니다.

*안전하게 코드를 종료하기 위해서는 쉘 영역에서 [컨트롤 + c]를 눌러 코드를 종료합니다.

3-5-3. 네오픽셀 LED 여러 개 제어하기

4개의 네오픽셀 LED의 색상을 빨간색, 녹색, 파란색으로 1초 간격으로 변경하는 프로그램을 작성합니다.
여러 개의 네오픽셀 LED를 제어합니다.

3-5-3.py

```python
from machine import Pin
from neopixel import NeoPixel
import time

neopixel_pin = Pin(16,Pin.OUT)
neopixel_count =4
neopixel_led=NeoPixel(neopixel_pin,neopixel_count)

try:
    while True:
        neopixel_led[0] = (255, 0, 0)
        neopixel_led[1] = (255, 0, 0)
        neopixel_led[2] = (255, 0, 0)
        neopixel_led[3] = (255, 0, 0)
        neopixel_led.write()
        time.sleep_ms(1000)

        neopixel_led[0] = (0, 255, 0)
        neopixel_led[1] = (0, 255, 0)
        neopixel_led[2] = (0, 255, 0)
        neopixel_led[3] = (0, 255, 0)
        neopixel_led.write()
        time.sleep_ms(1000)
```

```
25              neopixel_led[0] = (0, 0, 255)
26              neopixel_led[1] = (0, 0, 255)
27              neopixel_led[2] = (0, 0, 255)
28              neopixel_led[3] = (0, 0, 255)
29              neopixel_led.write()
30              time.sleep_ms(1000)
31
32      except KeyboardInterrupt:
33          for i in range(neopixel_count):
34              neopixel_led[i]=(0, 0, 0)
35              neopixel_led.write()
```

코드 설명

06: neopixel_count 변수에 NeoPixel LED의 개수를 설정합니다. 이 예제에서는 4개로 설정되었습니다.

07: neopixel_led 객체를 생성합니다. neopixel_pin과 neopixel_count를 사용하여 NeoPixel LED를 초기화합니다.

11~15: 모든 NeoPixel LED를 빨간색 (255, 0, 0)으로 설정하고 적용(write)합니다. 1초 동안 대기합니다.

18~22: 모든 NeoPixel LED를 녹색 (0, 255, 0)으로 설정하고 적용합니다. 1초 동안 대기합니다.

25~29: 모든 NeoPixel LED를 파란색 (0, 0, 255)으로 설정하고 적용합니다. 1초 동안 대기합니다.

[●] 현재 스크립트 실행(F5) 아이콘을 클릭하여 코드를 실행합니다.

4개의 네오픽셀을 색상을 변경하면서 제어하였습니다.

*안전하게 코드를 종료하기 위해서는 쉘 영역에서 [컨트롤 + c]를 눌러 코드를 종료합니다.

3-5-4. for문 사용해서 코드 간략화하기

for문을 사용하여 반복되는 부분의 코드를 줄여 코드를 작성해 봅니다.

3-5-4.py

```python
from machine import Pin
from neopixel import NeoPixel
import time

neopixel_pin = Pin(16,Pin.OUT)
neopixel_count =4
neopixel_led=NeoPixel(neopixel_pin,neopixel_count)

try:
    while True:
        for i in range(neopixel_count):
            neopixel_led[i]=(255, 0, 0)
            neopixel_led.write()
        time.sleep_ms(1000)
        
        for i in range(neopixel_count):
            neopixel_led[i]=(0, 255, 0)
            neopixel_led.write()
        time.sleep_ms(1000)
        
        for i in range(neopixel_count):
            neopixel_led[i]=(0, 0, 255)
            neopixel_led.write()
        time.sleep_ms(1000)
        
except  KeyboardInterrupt:
    for i in range(neopixel_count):
        neopixel_led[i]=(0, 0, 0)
        neopixel_led.write()
```

코드 설명

11~14: for 반복문을 사용하여 모든 NeoPixel LED를 빨간색 (255, 0, 0)으로 설정하고 적용(write)합니다. 1초 동안 대기합니다.

16~19: for 반복문을 사용하여 모든 NeoPixel LED를 녹색 (0, 255, 0)으로 설정하고 적용합니다. 1초 동안 대기합니다.

21~24: for 반복문을 사용하여 모든 NeoPixel LED를 파란색 (0, 0, 255)으로 설정하고 적용합니다. 1초 동안 대기합니다.

[▶] 현재 스크립트 실행(F5) 아이콘을 클릭하여 코드를 실행합니다.

동일하게 여러 개의 네오픽셀 LED의 색상을 for문을 사용하여 제어하였습니다.

*안전하게 코드를 종료하기 위해서는 쉘 영역에서 [컨트롤 + c]를 눌러 코드를 종료합니다.

3-5-5. 다양한 색상 표현하기

다양한 색상을 네오픽셀 LED로 표현해 보도록 합니다.

```
3-5-5.py

01    from machine import Pin
02    from neopixel import NeoPixel
03    import time
04
05    neopixel_pin = Pin(16,Pin.OUT)
06    neopixel_count =4
07    neopixel_led=NeoPixel(neopixel_pin,neopixel_count)
08
09    RED = (255, 0, 0)
10    YELLOW = (255, 150, 0)
11    GREEN = (0, 255, 0)
12    BLUE = (0, 0, 255)
13    INDIGO = (75, 0, 130)
14    VIOLET = (138, 43, 226)
15    WHITE = (255,255,255)
16    COLORS = (RED, YELLOW, GREEN, BLUE, INDIGO, VIOLET, WHITE)
17
18    try:
19        while True:
20            for color in COLORS:
21                for i in range(neopixel_count):
22                    neopixel_led[i]=(color[0], color[1], color[2])
23                    neopixel_led.write()
24                    time.sleep_ms(100)
25
26    except KeyboardInterrupt:
```

```
27      for i in range(neopixel_count):
28          neopixel_led[i]=(0, 0, 0)
29          neopixel_led.write()
```

코드 설명

09~15: 색상을 나타내는 RGB 값들을 정의합니다.

16: COLORS 리스트에 모든 색상을 추가하여 반복문에서 사용할 수 있도록 준비합니다.

20~24: COLORS 리스트를 순회하며 각 색상을 적용합니다.

21~23: for 반복문을 사용해 모든 NeoPixel LED에 현재 색상을 설정합니다.

22: 색상을 RGB 값으로 설정합니다.

23: 설정된 색상을 적용(write)합니다.

[⊙] 현재 스크립트 실행(F5) 아이콘을 클릭하여 코드를 실행합니다.

네오픽셀을 이용하여 다양한 색상을 표현하였습니다. RGB값을 이용하여 모든색의 표현이 가능합니다.
*안전하게 코드를 종료하기 위해서는 쉘 영역에서 [컨트롤 + c]를 눌러 코드를 종료합니다.

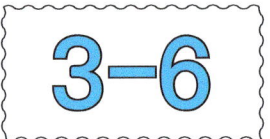

타이머, 인터럽트

타이머 인터럽트는 주기적으로 특정 작업을 수행하도록 설정된 인터럽트로, 시스템 클록을 기반으로 일정한 시간 간격마다 발생합니다. 외부 인터럽트는 버튼 입력이나 센서 신호처럼 외부에서 발생하는 이벤트를 감지하여 처리합니다. 두 인터럽트 모두 코드의 효율성을 높이고 동시 작업을 가능하게 하는 중요한 기능입니다.

3-6-1. 타이머 사용해서 주기적으로 코드 실행하기

내부 타이머를 이용하여 주기적으로 코드를 실행하는 코드를 작성해 봅니다.

3-6-1.py
```python
from machine import Timer

def cb_test_def(tim):
    print("hello python")

tim0 = Timer(0)
tim0.init(period=1000, mode=Timer.PERIODIC, callback=cb_test_def)

try:
    while True:
        pass

except KeyboardInterrupt:
    tim0.deinit()
```

코드 설명

01: Timer 클래스를 불러옵니다. 하드웨어 타이머를 제어하기 위한 클래스입니다.

03~04: cb_test_def 함수를 정의합니다. 타이머가 호출될 때 실행되는 콜백 함수로, "hello python" 메시지를 출력합니다.

06: Timer 객체 tim0를 생성합니다. 이 객체는 타이머 0번을 제어합니다.

07: tim0.init 메서드를 사용해 타이머를 초기화합니다.

- period: 타이머의 주기(밀리초)로, 여기서는 1000ms(1초)로 설정됩니다.

- mode: 타이머 모드로, Timer.PERIODIC은 주기적으로 콜백 함수를 호출하도록 설정합니다.

- callback: 주기가 끝날 때 호출될 콜백 함수로 cb_test_def를 설정합니다.

09~11: try 블록을 시작하여 실행 중 예외를 처리하기 위한 코드 블록입니다.

10~11: while 문에서 pass를 사용해 프로그램이 무기한 실행되도록 유지합니다.

13~14: except KeyboardInterrupt 블록에서 키보드 인터럽트(Ctrl+C)를 처리합니다.

14: tim0.deinit 메서드를 호출하여 타이머를 해제합니다. 이를 통해 타이머가 더 이상 실행되지 않도록 설정합니다.

[▶] 현재 스크립트 실행(F5) 아이콘을 클릭하여 코드를 실행합니다.

타이머 인터럽트를 사용하여 1초마다 hello python을 출력하였습니다.

*코드를 종료하기 위해서는 쉘 영역에서 [컨트롤 + c]를 눌러 코드를 종료합니다. 타이머 인터럽트가 해제되어 더 이상 동작하지 않습니다.

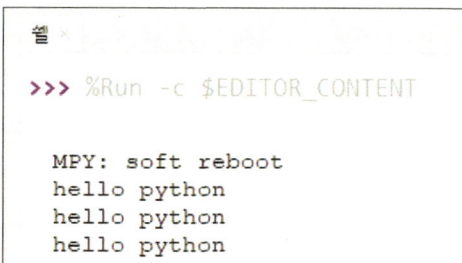

3-6-2. 타이머를 사용해서 5번만 실행하기

타이머를 사용하여 1초 간격으로 카운터 값을 증가시키며, 카운터 값이 5에 도달하면 타이머를 멈추는 프로그램을 작성해 봅니다.

```
3-6-2.py

01    from machine import Timer
02
03    counter =0
04
05    def cb_test_def(tim):
06        global counter
07        counter +=1
08        print(f"Counter value: {counter}")
09        if counter >=5:
10            print("Counter reached 5, stopping timer.")
11            tim.deinit()
12
13    tim0 = Timer(0)
14    tim0.init(period=1000, mode=Timer.PERIODIC, callback=cb_test_def)
15
16    try:
17        while True:
18            pass
19
20    except KeyboardInterrupt:
21        tim0.deinit()
```

코드 설명

09~11: if 조건문으로 counter 값이 5 이상인지 확인합니다.

- 10: 조건이 참이면 "Counter reached 5, stopping timer." 메시지를 출력합니다.

- 11: tim.deinit() 메서드를 호출하여 타이머를 멈춥니다.

[▶] 현재 스크립트 실행(F5) 아이콘을 클릭하여 코드를 실행합니다.

5번을 실행하고 나면 tim.deinit() 이 동작하여 타이머 인터럽트를 해제하여 더 이상 동작하지 않습니다.

```
>>>
MPY: soft reboot
Counter value: 1
Counter value: 2
Counter value: 3
Counter value: 4
Counter value: 5
Counter reached 5, stopping timer.
```

3-6-3. 외부인터럽트 사용해서 버튼 확인하기

외부인터럽트를 사용하여 버튼의 값을 확인하는 코드를 작성해 봅니다.

3-6-3.py

```python
from machine import Pin
import time

def button_interrupt_handler(pin):
    if pin.value() ==0:
        print("click")

button1 = Pin(14, Pin.IN, Pin.PULL_UP)
button1.irq(trigger=Pin.IRQ_FALLING, handler=button_interrupt_handler)

try:
    while True:
        pass

except KeyboardInterrupt:
    pass
```

코드 설명

04~06: button_interrupt_handler 함수를 정의합니다. 버튼 인터럽트가 발생하면 호출됩니다.

05: 버튼 핀의 상태를 확인합니다. **pin.value() == 0**이면 버튼이 눌린 상태를 의미합니다.

06: "click" 메시지를 출력합니다.

08: button1 핀을 입력 핀으로 설정합니다.

- Pin 번호는 14번입니다.

- Pin.PULL_UP을 사용해 내부 풀업 저항을 활성화하여 기본 상태를 HIGH로 유지합니다.

09: button1 핀에 인터럽트를 설정합니다.

- trigger: Pin.IRQ_FALLING을 설정하여 버튼이 눌릴 때(HIGH에서 LOW로 변할 때) 인터럽트가 발생하도록 합니다.

- handler: button_interrupt_handler 함수를 지정하여 인터럽트 발생 시 호출됩니다.

11~13: try 블록을 시작하여 프로그램이 무기한 실행되도록 설정합니다. while 문은 pass를 사용해 프로그램을 유지합니다.

[▶] **현재 스크립트 실행(F5) 아이콘을 클릭하여 코드를 실행합니다.**

왼쪽 버튼을 눌러 외부인터럽트를 확인합니다.

버튼을 누르면 인터럽트가 발생하여 click 코드를 출력하였습니다.

```
>>> %Run -c $EDITOR_CONTENT

  MPY: soft reboot
  click
  click
```

3-6-4. 여러 개의 버튼 인터럽트로 확인하기

두 개의 버튼을 사용하여 각각의 버튼이 눌릴 때 인터럽트를 통해 "button1 click" 또는 "button2 click" 메시지를 출력하는 프로그램을 작성합니다.

3-6-4.py

```python
01  from machine import Pin
02  import time
03
04  def button_interrupt_handler(pin):
05      if pin == button1 and pin.value() ==0:
06          print("button1 click")
07      elif pin == button2 and pin.value() ==0:
```

```
08              print("button2 click")
09
10   button1 = Pin(14, Pin.IN, Pin.PULL_UP)
11   button1.irq(trigger=Pin.IRQ_FALLING, handler=button_interrupt_handler)
12   button2 = Pin(27, Pin.IN, Pin.PULL_UP)
13   button2.irq(trigger=Pin.IRQ_FALLING, handler=button_interrupt_handler)
14
15   try:
16       while True:
17           pass
18
19   except KeyboardInterrupt:
20       pass
```

코드 설명

04~08: button_interrupt_handler 함수를 정의합니다. 버튼 인터럽트가 발생할 때 호출됩니다.

05: pin이 button1이고 **pin.value() == 0**(버튼이 눌린 상태)이면 "button1 click" 메시지를 출력합니다.

07: pin이 button2이고 **pin.value() == 0**이면 "button2 click" 메시지를 출력합니다.

10: button1 핀을 입력 핀으로 설정합니다.

- Pin 번호는 14번입니다.

- Pin.PULL_UP을 사용하여 내부 풀업 저항을 활성화하여 기본 상태를 HIGH로 유지합니다.

11: button1 핀에 인터럽트를 설정합니다.

- trigger: Pin.IRQ_FALLING을 설정하여 버튼이 눌릴 때(HIGH에서 LOW로 변할 때) 인터럽트가 발생하도록 합니다.

- handler: button_interrupt_handler 함수를 지정하여 인터럽트 발생 시 호출됩니다.

12: button2 핀을 입력 핀으로 설정합니다.

- Pin 번호는 27번입니다.

- Pin.PULL_UP을 사용하여 내부 풀업 저항을 활성화합니다.

13: button2 핀에 인터럽트를 설정합니다.

- trigger: Pin.IRQ_FALLING을 설정하여 버튼이 눌릴 때 인터럽트가 발생합니다.

- handler: button_interrupt_handler 함수를 지정합니다.

15~17: try 블록을 시작하여 프로그램이 무기한 실행되도록 설정합니다. while 문은 pass를 사용해 프로그램을 유지합니다.

[▶] **현재 스크립트 실행(F5) 아이콘을 클릭하여 코드를 실행합니다.**

왼쪽, 오른쪽 버튼 2개를 눌러 인터럽트를 확인합니다.

누른 버튼에 따라서 값이 출력되었습니다.

```
>>> %Run -c $EDITOR_CONTENT

MPY: soft reboot
button1 click
button2 click
button1 click
button2 click
```

3-7

쓰레드

쓰레드는 프로그램 내에서 동시에 여러 작업을 수행할 수 있도록 하는 경량 프로세스입니다. 각 쓰레드는 독립적으로 실행되며, 멀티태스킹을 통해 복잡한 작업을 효율적으로 처리할 수 있습니다. 마이크로파이썬에서도 쓰레드를 활용해 센서 데이터 수집과 제어 동작을 병렬로 수행할 수 있습니다.

3-7-1. 쓰레드 사용하기

쓰레드를 사용하여 두 개의 병렬 작업을 실행합니다. 하나의 스레드에서 "thread1" 메시지를 2초 간격으로 출력하고, 메인 루프에서 "main" 메시지를 1초 간격으로 출력하는 코드를 작성합니다.

3-7-1.py

```python
import _thread
import time

def thread_test():
    while True:
        print("thread1")
        time.sleep(2)

_thread.start_new_thread(thread_test, ())

try:
    while True:
        print("main")
        time.sleep(1)

except KeyboardInterrupt:
    pass
```

코드 설명

01: `_thread` 모듈을 불러옵니다. 멀티스레딩을 위한 모듈입니다.

02: `time` 모듈을 불러옵니다. 시간 지연 등의 작업을 처리하기 위한 모듈입니다.

04~07: `thread_test` 함수를 정의합니다.

- 이 함수는 새 스레드에서 실행되며, "thread1" 메시지를 출력하고 2초 동안 대기합니다.

09: `_thread.start_new_thread` 함수를 호출하여 `thread_test` 함수를 새 스레드에서 실행합니다.

- 첫 번째 인자는 실행할 함수(`thread_test`)이고, 두 번째 인자는 함수의 인자로 빈 튜플 `(,)`을 전달합니다.

11~14: 메인 루프에서 "main" 메시지를 1초 간격으로 출력합니다.

- 메인 스레드와 새로 생성된 스레드가 병렬로 실행됩니다.

[▶] 현재 스크립트 실행(F5) 아이콘을 클릭하여 코드를 실행합니다.

쓰레드를 이용하여 main 동작과 thread1 동작이 동시에 진행되어 출력되고 있습니다.

```
>>> %Run -c $EDITOR_CONTENT

MPY: soft reboot
main
thread1
main
thread1
main
```

멈출 때는 [STOP] 아이콘을 클릭하여 멈춥니다. 쓰레드가 동작 중에는 키보드인터럽트를 발생시켜 코드를 종료하더라도 쓰레드의 코드는 동작하므로 완전히 멈추기 위해서는 [STOP] 아이콘을 클릭하여 종료합니다.

3-7-2. 쓰레드 여러 개 사용하기

쓰레드를 사용하여 세 개의 병렬 작업을 실행합니다. 두 개의 스레드에서 각각 "thread1"과 "thread2" 메시지를 출력하며, 메인 루프에서는 "main" 메시지를 출력하는 코드를 작성합니다.

3-7-2.py

```python
01  import _thread
02  import time
03
04  def thread_test1():
```

```
05      while True:
06          print("thread1")
07          time.sleep(2)
08
09  def thread_test2():
10      while True:
11          print("thread2")
12          time.sleep(0.5)
13
14  _thread.start_new_thread(thread_test1, ())
15  _thread.start_new_thread(thread_test2, ())
16
17  try:
18      while True:
19          print("main")
20          time.sleep(1)
21
22  except KeyboardInterrupt:
23      pass
```

코드 설명

04~07: `thread_test1` 함수를 정의합니다.

- 이 함수는 새 스레드에서 실행되며, "thread1" 메시지를 출력하고 2초 동안 대기합니다.

09~12: `thread_test2` 함수를 정의합니다.

- 이 함수는 새 스레드에서 실행되며, "thread2" 메시지를 출력하고 0.5초 동안 대기합니다.

14: `_thread.start_new_thread` 함수를 호출하여 `thread_test1` 함수를 새 스레드에서 실행합니다.

15: `_thread.start_new_thread` 함수를 호출하여 `thread_test2` 함수를 또 다른 새 스레드에서 실행합니다.

17~20: 메인 루프에서 "main" 메시지를 1초 간격으로 출력합니다.

- 메인 스레드와 두 개의 새로 생성된 스레드가 병렬로 실행됩니다.

[▶] 현재 스크립트 실행(F5) 아이콘을 클릭하여 코드를 실행합니다.

하나의 main 동작과 2개의 쓰레드가 동시에 실행되고 있습니다.

```
MPY: soft reboot
main
thread1
thread2
thread2
main
thread2
thread2
thread1
main
thread2
```

CHAPTER 04

다양한 작품 만들기

실생활에서 활용할 수 있는 흥미로운 마이크로파이썬 프로젝트를 소개합니다. 조도 센서를 이용한 자동 LED 점등, 초음파 센서를 활용한 피아노와 거리 측정기, 근접 센서를 활용한 알리미까지, 다양한 센서를 통해 창의적이고 실용적인 작품을 만들어 볼 수 있습니다.

4-1
어두워지면 자동으로 켜지는 LED 만들기

조도 센서를 활용해 주변의 밝기를 감지하고 어두워질 때 자동으로 LED가 켜지는 기능을 구현합니다. 이 프로젝트를 통해 센서 데이터와 조건문을 활용한 자동화의 기본 원리를 배울 수 있습니다.

4-1-1. 조도 센서값 확인하기

자동차의 왼쪽에 장착된 조도센서의 값을 확인하는 코드를 작성합니다.

4-1-1.py

```
01  from machine import Pin
02  from machine import ADC
03  import time
04
05  cds_left = ADC(Pin(36))
06  cds_left.atten(ADC.ATTN_11DB)
07
08  try:
09      while True:
10          cds_left_value = cds_left.read()
11          print(cds_left_value)
12          time.sleep(0.5)
13
14  except KeyboardInterrupt:
15      pass
```

코드 설명

01: Pin 모듈을 불러옵니다. 하드웨어 핀 제어를 위한 모듈입니다.

02: ADC 모듈을 불러옵니다. 아날로그-디지털 변환 기능을 사용하기 위한 모듈입니다.

03: time 모듈을 불러옵니다. 시간 지연 처리를 위한 모듈입니다.

05: cds_left를 36번 핀에서 ADC(아날로그-디지털 변환) 입력으로 설정합니다.

06: cds_left의 감쇠를 설정합니다. ADC.ATTN_11DB는 최대 3.3V 입력까지 읽을 수 있도록 설정합니다.

10: cds_left에서 현재 조도 값을 읽어 cds_left_value 변수에 저장합니다.

11: cds_left_value를 출력합니다.

[●] **현재 스크립트 실행(F5) 아이콘을 클릭하여 코드를 실행합니다.**

왼쪽의 조도센서에서 값을 측정합니다.

조도센서로 측정된 값이 출력되었습니다.

```
쉘 ×
>>> %Run -c $EDITOR_CONTENT

MPY: soft reboot
2406
2385
2434
2418
```

4-1-2. 조도 센서값에 따른 조건 설정하기

조도 센서값에 따라서 조건을 설정하여 동작하는 코드를 작성합니다.

4-1-2.py

```python
from machine import Pin
from machine import ADC
import time

cds_left = ADC(Pin(36))
cds_left.atten(ADC.ATTN_11DB)

try:
    while True:
        cds_left_value = cds_left.read()
        if cds_left_value <1000:
            print(cds_left_value, "1000보다 작습니다.")
        else:
            print(cds_left_value, "1000보다 큽니다.")
        time.sleep(0.5)

except KeyboardInterrupt:
    pass
```

코드 설명

11~14: 조도 값이 1000보다 작은 경우와 큰 경우를 판단하여 메시지를 출력합니다.

11~12: 값이 1000보다 작으면 "1000보다 작습니다."라는 메시지와 함께 값을 출력합니다.

13~14: 값이 1000 이상이면 "1000보다 큽니다."라는 메시지와 함께 값을 출력합니다.

[▶] **현재 스크립트 실행(F5) 아이콘을 클릭하여 코드를 실행합니다.**

센서가 밝을 때입니다.

값이 1000보다 큰 경우 1000보다 큽니다를 출력합니다.

```
>>> 

MPY: soft reboot
2320 1000보다 큽니다.
2329 1000보다 큽니다.
2324 1000보다 큽니다.
2325 1000보다 큽니다.
2323 1000보다 큽니다.
```

센서를 손으로 가려 어둡게 합니다.

어두워져서 센서의 값이 1000보다 작아졌습니다.

```
112 1000보다 작습니다.
34 1000보다 작습니다.
224 1000보다 작습니다.
103 1000보다 작습니다.
185 1000보다 작습니다.
213 1000보다 작습니다.
110 1000보다 작습니다.
185 1000보다 작습니다.
209 1000보다 작습니다.
336 1000보다 작습니다.
213 1000보다 작습니다.
257 1000보다 작습니다.
```

조건에 따라 값을 다르게 출력하였습니다.

4-1-3. 어두워지면 자동으로 켜지는 LED 만들기

어두워지면 LED를 자동으로 켜는 코드를 작성해 봅니다.

4-1-3.py

```python
from machine import Pin
from machine import ADC
import time

cds_left = ADC(Pin(36))
cds_left.atten(ADC.ATTN_11DB)

led1=Pin(15,Pin.OUT)
led2=Pin(2,Pin.OUT)

try:
    while True:
        cds_left_value = cds_left.read()
        if cds_left_value <1000:
            print(cds_left_value, "1000보다 작습니다.")
            led1.value(1)
            led2.value(1)
        else:
            print(cds_left_value, "1000보다 큽니다.")
            led1.value(0)
            led2.value(0)
        time.sleep(0.5)

except KeyboardInterrupt:
    pass
```

코드 설명

14~21: 조도 값에 따라 LED를 제어하고 상태 메시지를 출력합니다.

14~17: 값이 1000보다 작으면 "1000보다 작습니다."라는 메시지와 함께 led1과 led2를 켭니다.

18~21: 값이 1000 이상이면 "1000보다 큽니다."라는 메시지와 함께 led1과 led2를 끕니다.

[▶] **현재 스크립트 실행(F5) 아이콘을 클릭하여 코드를 실행합니다.**

조도센서로 측정한 값이 밝을때(1000보다 클때)는 LED가 켜지지 않습니다.

조도센서로 측정한 값이 어두울때(1000보다 작을때)는 LED가 켜졌습니다. 자동차의 자동으로 켜지는 전조등 기능을 구현하였습니다.

4-2
초음파센서를 이용한 피아노 만들기

초음파센서를 사용해 손의 거리를 감지하고 이를 음높이에 매핑하여 피아노 소리를 내는 피아노를 만들어 봅니다.

4-2-1. 초음파센서를 이용해서 거리측정하기

초음파센서를 이용하여 거리를 측정하여 거릿값을 출력하는 코드를 작성합니다.

4-2-1.py

```python
01  import machine
02  import time
03  from machine import Pin
04
05  trigger = Pin(21, mode=Pin.OUT, pull=None)
06  echo = Pin(13, mode=Pin.IN, pull=None)
07  trigger.value(0)
08
09  def get_distance_cm():
10      trigger.value(0)
11      time.sleep_us(5)
12      trigger.value(1)
13      time.sleep_us(10)
14      trigger.value(0)
15
16      pulse_time = machine.time_pulse_us(echo, 1, 30000)
17      distance_cm = (pulse_time /2) /29.1
18      if 2 <= distance_cm <=200:
19          return distance_cm
20      else:
21          return 0
```

```
22
23  try:
24      while True:
25          distance_cm = get_distance_cm()
26          if(distance_cm !=0):
27              print(distance_cm,"cm")
28          time.sleep(0.1)
29
30  except KeyboardInterrupt:
31      pass
```

코드 설명

09~21: 초음파 센서를 사용하여 거리를 계산하는 get_distance_cm 함수를 정의합니다.

18~21: 계산된 거리가 2cm에서 200cm 사이에 있으면 값을 반환하고, 그렇지 않으면 0을 반환합니다.

25: get_distance_cm 함수를 호출하여 거리를 측정합니다.

26~27: 측정된 값이 0이 아니면 거리를 출력합니다.

[●] 현재 스크립트 실행(F5) 아이콘을 클릭하여 코드를 실행합니다.

초음파센서를 손으로 가려 거리를 측정합니다.

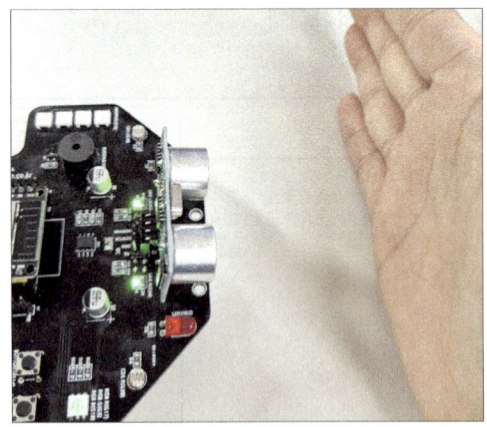

측정한 거리값이 출력되었습니다.

```
셸
8.453609 cm
7.474226 cm
7.800687 cm
7.800687 cm
9.828178 cm
7.817869 cm
7.817869 cm
7.817869 cm
7.800687 cm
```

4-2-2. 거리에 따른 조건 설정하기

초음파센서 거리에 따라 조건을 설정하여 값을 출력하는 코드를 작성합니다.

4-2-2.py

```python
import machine
import time
from machine import Pin

trigger = Pin(21, mode=Pin.OUT, pull=None)
echo = Pin(13, mode=Pin.IN, pull=None)
trigger.value(0)

def get_distance_cm():
    trigger.value(0)
    time.sleep_us(5)
    trigger.value(1)
    time.sleep_us(10)
    trigger.value(0)
    
    pulse_time = machine.time_pulse_us(echo, 1, 30000)
    distance_cm = (pulse_time /2) /29.1
    if 2 <= distance_cm <=200:
        return distance_cm
    else:
        return 0

try:
    while True:
        distance_cm = get_distance_cm()
        if distance_cm >5 and distance_cm <=10:
            print("do")
        elif distance_cm >10 and distance_cm <=15:
            print("le")
        elif distance_cm >15 and distance_cm <=20:
            print("mi")
        elif distance_cm >20 and distance_cm <=25:
            print("fa")
        elif distance_cm >25 and distance_cm <=30:
            print("sol")
        elif distance_cm >30 and distance_cm <=35:
            print("la")
        elif distance_cm >35 and distance_cm <=40:
            print("si")
        elif distance_cm >40 and distance_cm <=45:
            print("do~")
        else:
            print("no")
        time.sleep(0.1)

except KeyboardInterrupt:
    pass
```

코드 설명

25~43: 측정된 거리 값을 기반으로 음계를 출력합니다.

26: 거리가 5~10cm면 "do"를 출력합니다.

28: 거리가 10~15cm면 "le"를 출력합니다.

30: 거리가 15~20cm면 "mi"를 출력합니다.

32: 거리가 20~25cm면 "fa"를 출력합니다.

34: 거리가 25~30cm면 "sol"을 출력합니다.

36: 거리가 30~35cm면 "la"를 출력합니다.

38: 거리가 35~40cm면 "si"를 출력합니다.

40: 거리가 4045cm면 "do"를 출력합니다.

42: 조건에 맞지 않는 경우 "no"를 출력합니다.

[◉] 현재 스크립트 실행(F5) 아이콘을 클릭하여 코드를 실행합니다.

초음파센서를 손바닥이나 물체로 가려 거리에 따라 출력의 결과를 확인합니다.

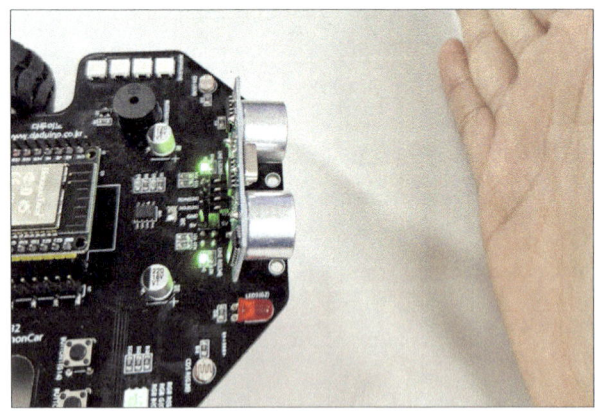

거리에 따라 출력의 결과가 달라졌습니다.

```
셸
  do
  do
  do
  do
  do
  do
  do
  do
  le
  le
  le
```

4-2-3. 조건에 부저추가하여 피아노 완성하기

조건문에 부저의 음을 추가하여 초음파로 동작하는 피아노를 완성합니다.

4-2-3.py

```python
import machine
import time
from machine import Pin, PWM

trigger = Pin(21, mode=Pin.OUT, pull=None)
echo = Pin(13, mode=Pin.IN, pull=None)
trigger.value(0)

melody_buzzer = PWM(Pin(19, Pin.OUT), freq=1, duty=0)

def play_tone(freq):
    melody_buzzer.duty(512)
    melody_buzzer.freq(freq)

def no_tone():
    melody_buzzer.duty(0)

def get_distance_cm():
    trigger.value(0)
    time.sleep_us(5)
    trigger.value(1)
    time.sleep_us(10)
    trigger.value(0)
    
    pulse_time = machine.time_pulse_us(echo, 1, 30000)
    distance_cm = (pulse_time /2) /29.1
    if 2 <= distance_cm <=200:
        return distance_cm
    else:
        return 0

try:
    while True:
        distance_cm = get_distance_cm()
        if distance_cm >5 and distance_cm <=10:
            print("do")
            play_tone(261)
        elif distance_cm >10 and distance_cm <=15:
            print("le")
            play_tone(293)
        elif distance_cm >15 and distance_cm <=20:
            print("mi")
            play_tone(329)
        elif distance_cm >20 and distance_cm <=25:
            print("fa")
            play_tone(349)
        elif distance_cm >25 and distance_cm <=30:
            print("sol")
            play_tone(392)
        elif distance_cm >30 and distance_cm <=35:
```

```
51              print("la")
52              play_tone(440)
53          elif distance_cm >35 and distance_cm <=40:
54              print("si")
55              play_tone(493)
56          elif distance_cm >40 and distance_cm <=45:
57              print("do~")
58              play_tone(523)
59          else:
60              print("no")
61              no_tone()
62          time.sleep(0.1)
63
64  except KeyboardInterrupt:
65      melody_buzzer.duty(0)
66      melody_buzzer.deinit()
```

코드 설명

34~61: 거리 값을 기반으로 음계를 출력하고, 버저를 울립니다.

35~37: 거리 5~10cm → "do", 주파수 261Hz.

38~40: 거리 10~15cm → "le", 주파수 293Hz.

41~43: 거리 15~20cm → "mi", 주파수 329Hz.

44~46: 거리 20~25cm → "fa", 주파수 349Hz.

47~49: 거리 25~30cm → "sol", 주파수 392Hz.

50~52: 거리 30~35cm → "la", 주파수 440Hz.

53~55: 거리 35~40cm → "si", 주파수 493Hz.

56~58: 거리 40~45cm → "do~", 주파수 523Hz.

59~61: 조건에 맞지 않을 경우 "no", 부저를 끕니다.

[▶] 현재 스크립트 실행(F5) 아이콘을 클릭하여 코드를 실행합니다.

초음파센서 거리에 따라 부저의 주파수를 변경하여 음이 출력되는 초음파센서 피아노를 완성하였습니다.

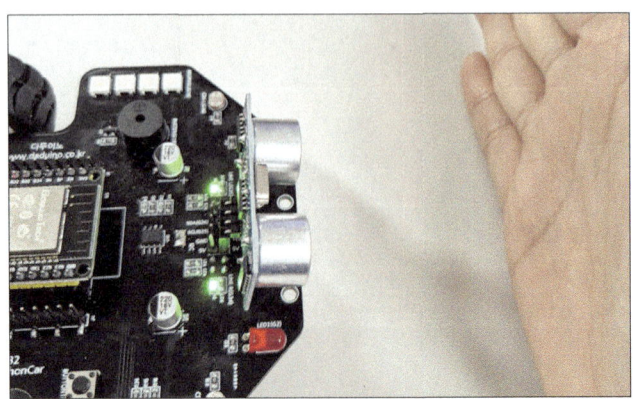

4-3
초음파센서 거리표시기 만들기

초음파센서를 이용하여 거리를 측정하고 측정한 거리를 4개의 네오픽셀 LED에 표현하는 거리표시기를 만들어 봅니다.

4-3-1. 네오픽셀 LED 4개를 이용하여 0~100% 표시하기

네오픽셀 LED 4개를 이용하여 0~100%를 LED를 이용하여 표현하는 코드를 작성합니다.

4-3-1.py

```python
from machine import Pin
from neopixel import NeoPixel
import time

neopixel_pin = Pin(16, Pin.OUT)
neopixel_count =4
neopixel_led = NeoPixel(neopixel_pin, neopixel_count)

def display_percentage(percentage):
    full_leds =int((percentage /100.0) * neopixel_count)
    partial_led_brightness =int(255 * ((percentage /100.0 * neopixel_count) % 1))
    
    for i in range(neopixel_count):
        if i < full_leds:
            neopixel_led[i] = (255, 0, 0)
        elif i == full_leds and partial_led_brightness >0:
            neopixel_led[i] = (partial_led_brightness, 0, 0)
        else:
            neopixel_led[i] = (0, 0, 0)
```

```
20
21          neopixel_led.write()
22
23  try:
24      while True:
25          display_percentage(0)
26          time.sleep(1.0)
27
28          display_percentage(20)
29          time.sleep(1.0)
30
31          display_percentage(40)
32          time.sleep(1.0)
33
34          display_percentage(60)
35          time.sleep(1.0)
36
37          display_percentage(80)
38          time.sleep(1.0)
39
40          display_percentage(100)
41          time.sleep(1.0)
42
43  except KeyboardInterrupt:
44      for i in range(neopixel_count):
45          neopixel_led[i] = (0, 0, 0)
46          neopixel_led.write()
```

코드 설명

09~21: display_percentage(percentage) 함수는 입력된 퍼센트 값에 따라 네오픽셀 LED의 밝기를 제어합니다.

10: 퍼센트를 기반으로 완전히 켜질 LED 개수를 계산합니다.

11: 현재 비율에 따라 부분적으로 켜질 LED의 밝기를 계산합니다.

13~19: LED 상태를 설정합니다.

14~15: 완전히 켜질 LED는 빨간색으로 설정합니다.

16~17: 부분적으로 켜질 LED는 계산된 밝기 값에 따라 빨간색으로 설정합니다.

18~19: 나머지 LED는 꺼집니다.

21: 설정한 값을 네오픽셀 LED에 적용합니다.

24~41: 네오픽셀 LED를 순차적으로 0%, 20%, 40%, 60%, 80%, 100% 밝기로 제어하며 출력합니다.

[▶] **현재 스크립트 실행(F5) 아이콘을 클릭하여 코드를 실행합니다.**

0~100% 에 따라서 LED의 개수와 밝기를 조절하였습니다.

4-3-2. 초음파센서 거리 측정하여 0~100%로 환산하기

최대거리 30cm를 기준으로 해서 0~100%로 환상하여 값을 출력하는 코드를 작성합니다.

4-3-2.py

```python
import machine
import time
from machine import Pin

trigger = Pin(21, mode=Pin.OUT, pull=None)
echo = Pin(13, mode=Pin.IN, pull=None)
trigger.value(0)

def get_distance_cm():
    trigger.value(0)
    time.sleep_us(5)
    trigger.value(1)
    time.sleep_us(10)
    trigger.value(0)

    pulse_time = machine.time_pulse_us(echo, 1, 30000)
    distance_cm = (pulse_time /2) /29.1
    if 2 <= distance_cm <=200:
        return distance_cm
    else:
        return 0
```

```python
22
23  def distance_to_percentage(distance_cm, max_distance_cm):
24      if distance_cm >= max_distance_cm:
25          return 100
26      else:
27          percentage = (distance_cm / max_distance_cm) *100
28          return min(max(percentage, 0), 100)
29
30  try:
31      while True:
32          distance_cm = get_distance_cm()
33          if distance_cm !=0:
34              max_distance_cm =30
35              percentage = distance_to_percentage(distance_cm, max_distance_cm)
36              print(f"Distance: {distance_cm}cm, Percentage: {percentage}%")
37          time.sleep(0.1)
38
39  except KeyboardInterrupt:
40      pass
```

코드 설명

23~28: distance_to_percentage(distance_cm, max_distance_cm) 함수는 측정된 거리를 백분율로 변환합니다.

24~25: 거리가 max_distance_cm 이상일 경우 100%를 반환합니다.

26~28: 거리가 범위 내에 있을 경우, 백분율을 계산하고 0%~100% 사이로 값을 제한하여 반환합니다.

32~37: 거리를 측정하고 백분율로 변환하여 출력합니다.

32: get_distance_cm() 함수를 호출하여 거리를 측정합니다.

34: 최대 거리 기준인 max_distance_cm를 30으로 설정합니다.

35: distance_to_percentage 함수를 사용해 측정된 거리를 백분율로 변환합니다.

36: 거리와 백분율 값을 출력합니다.

[▶] 현재 스크립트 실행(F5) 아이콘을 클릭하여 코드를 실행합니다.

초음파센서를 손으로 가려 거리를 측정합니다.

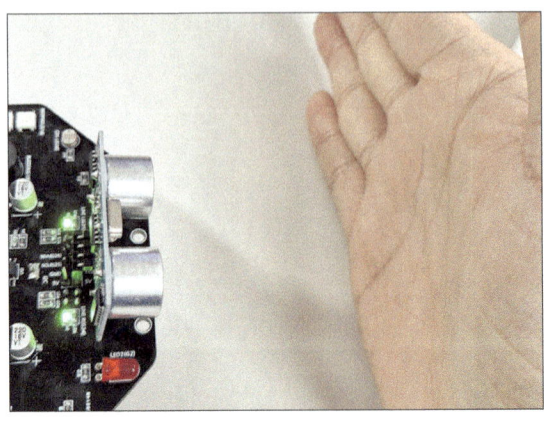

최대거리 30cm를 100%로 환산하여 출력하였습니다.

```
Distance: 25.2921cm, Percentage: 84.30698%
Distance: 24.12371cm, Percentage: 80.41237%
Distance: 24.7079cm, Percentage: 82.35968%
Distance: 23.5567cm, Percentage: 78.52234%
Distance: 24.14089cm, Percentage: 80.46964%
Distance: 27.62887cm, Percentage: 92.09622%
Distance: 24.10653cm, Percentage: 80.35509%
Distance: 25.87629cm, Percentage: 86.2543%
Distance: 26.75258cm, Percentage: 89.17525%
Distance: 26.75258cm, Percentage: 89.17525%
Distance: 26.7354cm, Percentage: 89.11799%
Distance: 28.48797cm, Percentage: 94.95991%
```

4-3-3. 초음파센서 거리를 LED에 표시하여 측정기 완성하기

초음파센서로 측정한거리를 0~100%로 표현하고 그 값을 네오픽셀 LED에 표현하여 거리값을 LED로 표현하는 코드를 완성합니다.

4-3-3.py

```python
01  import machine
02  import time
03  from machine import Pin
04  from neopixel import NeoPixel
05
06  trigger = Pin(21, mode=Pin.OUT, pull=None)
07  echo = Pin(13, mode=Pin.IN, pull=None)
08  trigger.value(0)
09
10  neopixel_pin = Pin(16, Pin.OUT)
11  neopixel_count =4
12  neopixel_led = NeoPixel(neopixel_pin, neopixel_count)
13
14  def get_distance_cm():
15      trigger.value(0)
16      time.sleep_us(5)
17      trigger.value(1)
18      time.sleep_us(10)
19      trigger.value(0)
20
21      pulse_time = machine.time_pulse_us(echo, 1, 30000)
22      distance_cm = (pulse_time /2) /29.1
23      if 2 <= distance_cm <=200:
24          return distance_cm
25      else:
26          return 0
27
28  def distance_to_percentage(distance_cm, max_distance_cm):
29      if distance_cm >= max_distance_cm:
```

```python
30              return 100   # 최대 측정 거리 이상인 경우 100을 반환
31         else:
32             # 거리를 0~100 사이의 비율로 환산
33             percentage = (distance_cm / max_distance_cm) *100
34             return min(max(percentage, 0), 100)   # 결과가 0~100 범위를 벗어나지 않도록 조정
35
36     def display_percentage(percentage):
37         full_leds =int((percentage /100.0) * neopixel_count)   # 완전히 켜야 하는 LED 수
38         partial_led_brightness =int(255 * ((percentage /100.0 * neopixel_count) % 1))   # 부분적으로 켜야 하는 LED의 밝기
39
40         for i in range(neopixel_count):
41             if i < full_leds:
42                 neopixel_led[i] = (255, 0, 0)   # 완전히 켜기
43             elif i == full_leds and partial_led_brightness >0:
44                 neopixel_led[i] = (partial_led_brightness, 0, 0)   # 부분적으로 켜기
45             else:
46                 neopixel_led[i] = (0, 0, 0)   # 끄기
47
48         neopixel_led.write()
49
50     try:
51         while True:
52             distance_cm = get_distance_cm()
53             if distance_cm !=0:
54                 # 최대 측정 거리를 예를 들어 30cm로 설정
55                 max_distance_cm =30
56                 percentage = distance_to_percentage(distance_cm, max_distance_cm)
57                 display_percentage(percentage)
58                 print(f"Distance: {distance_cm}cm, Percentage: {percentage}%")
59             time.sleep(0.1)
60
61     except KeyboardInterrupt:
62         for i in range(neopixel_count):
63             neopixel_led[i] = (0, 0, 0)
64             neopixel_led.write()
```

코드 설명

36~48: display_percentage(percentage) 함수는 백분율에 따라 네오픽셀 LED의 상태를 제어합니다.

52~59: 거리를 측정하고 백분율로 변환한 값을 네오픽셀 LED에 표시하며 출력합니다.

[▶] **현재 스크립트 실행(F5) 아이콘을 클릭하여 코드를 실행합니다.**

거리에 따라서 네오픽셀의 LED에 표시됩니다. 멀어지면 LED가 많이 밝게 켜지고 가까우면 LED가 적게 어둡게 켜집니다.

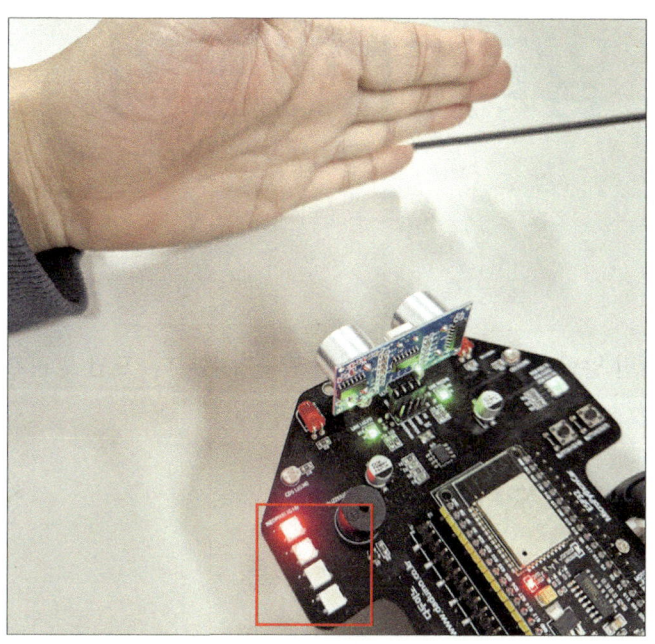

4-4

근접 센서 알리미 만들기

근접 센서를 이용하여 센서를 감지하지 못하면 알림을 울리게 하는 장치를 만들어 봅니다. 도난 방지기처럼 사용할 수 있습니다.

4-4-1. 근접 센서값 확인하기

근접 센서의 값을 확인하는 코드를 작성합니다.

4-4-1.py

```python
from machine import Pin
import time

line_left = Pin(35,Pin.IN)
line_right = Pin(34,Pin.IN)

try:
    while True:
        left_value = line_left.value()
        right_value = line_right.value()
        display_value = f"L:{left_value}, R:{right_value}"
        print(display_value)
        time.sleep(0.1)

except KeyboardInterrupt:
    pass
```

코드 설명

04: line_left 핀(35번)을 입력 핀으로 설정합니다. 왼쪽 라인 센서 값을 읽기 위해 사용됩니다.

05: line_right 핀(34번)을 입력 핀으로 설정합니다. 오른쪽 라인 센서 값을 읽기 위해 사용됩니다.

09: line_left 핀에서 입력 값을 읽어 변수 left_value에 저장합니다.

10: line_right 핀에서 입력 값을 읽어 변수 right_value에 저장합니다.

11: 왼쪽과 오른쪽 센서 값을 display_value 변수에 문자열 형식으로 저장합니다.

12: display_value 문자열을 출력합니다.

13: 0.1초 동안 대기합니다.

[▶] 현재 스크립트 실행(F5) 아이콘을 클릭하여 코드를 실행합니다.

자동차의 아래쪽에 근접 센서가 있습니다.

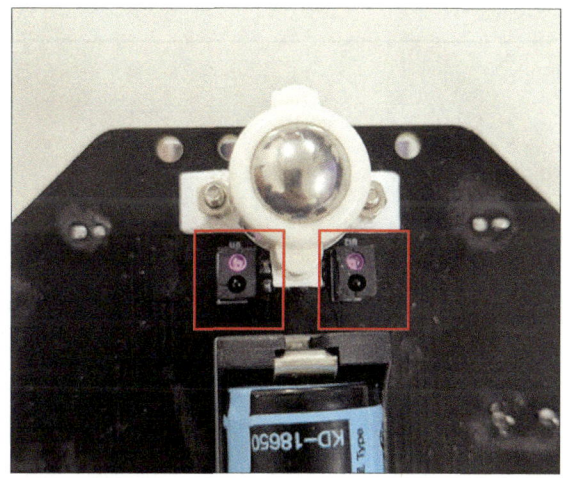

센서를 손으로 가려 값을 확인합니다.

센서를 손으로 가려 검출되면 1 센서가 값을 검출하지 못하면 0이 출력되었습니다.

```
셸
 L:0, R:1
 L:0, R:1
 L:0, R:1
 L:0, R:1
 L:0, R:1
 L:0, R:1
 L:0, R:1
 L:0, R:1
 L:0, R:1
 L:0, R:1
 L:0, R:1
```

4-4-2. 부저를 이용해서 알림음 구현하기

부저를 이용하여 알람을 구현하는 코드를 작성해 봅니다.

4-4-2.py

```python
from machine import Pin, PWM
import time

melody_buzzer = PWM(Pin(19, Pin.OUT), freq=1, duty=0)

def play_tone(freq):
    melody_buzzer.duty(512)
    melody_buzzer.freq(freq)

def no_tone():
    melody_buzzer.duty(0)

def play_emergency_alert():
    play_tone(900)
    time.sleep(0.1)

    play_tone(1200)
    time.sleep(0.1)

try:
    while True:
        play_emergency_alert()

except KeyboardInterrupt:
    melody_buzzer.duty(0)
    melody_buzzer.deinit()
```

코드 설명

04: melody_buzzer를 19번 핀에 PWM 출력으로 설정합니다. 초기 주파수는 1Hz, 듀티비는 0%입니다.

06~08: play_tone(freq) 함수는 지정된 주파수로 버저를 울립니다.

07: 듀티비를 50%로 설정해 소리를 발생시킵니다.

08: 버저의 주파수를 설정합니다.

10~11: no_tone() 함수는 버저를 끕니다.

11: 듀티비를 0으로 설정하여 소리를 멈춥니다.

13~18: play_emergency_alert() 함수는 긴급 경고음을 발생시킵니다.

14: 주파수 900Hz로 소리를 발생시킵니다.

15: 0.1초 동안 대기합니다.

17: 주파수 1200Hz로 소리를 발생시킵니다.

18: 0.1초 동안 대기합니다.

22: play_emergency_alert() 함수를 호출하여 반복적으로 긴급 경고음을 발생시킵니다.

[▶] 현재 스크립트 실행(F5) 아이콘을 클릭하여 코드를 실행합니다.

부저에서 긴급 경고음을 지속적으로 발생시킵니다.

다양한 작품 만들기 163

4-4-3. 근접 센서값에 따라서 알림 구현하기

근접 센서에서 값을 감지하지 못하면 알람을 구현하는 코드를 만들어 완성합니다.

4-4-3.py

```python
from machine import Pin, PWM
import time

line_left = Pin(35,Pin.IN)
line_right = Pin(34,Pin.IN)

melody_buzzer = PWM(Pin(19, Pin.OUT), freq=1, duty=0)

def play_tone(freq):
    melody_buzzer.duty(512)
    melody_buzzer.freq(freq)

def no_tone():
    melody_buzzer.duty(0)

def play_emergency_alert():
    play_tone(900)
    time.sleep(0.1)

    play_tone(1200)
    time.sleep(0.1)

try:
    while True:
        left_value = line_left.value()
        right_value = line_right.value()

        if left_value ==0 or right_value ==0:
            play_emergency_alert()
        else:
            no_tone()

except KeyboardInterrupt:
    melody_buzzer.duty(0)
    melody_buzzer.deinit()
```

코드 설명

25~26: 라인 센서 값을 읽어 각각 left_value와 right_value 변수에 저장합니다.

28~29: 왼쪽 또는 오른쪽 센서가 0(라인 감지)일 경우 play_emergency_alert() 함수를 호출하여 긴급 경고음을 발생시킵니다.

30~31: 양쪽 센서가 라인을 감지하지 않을 경우 no_tone() 함수를 호출하여 버저를 끕니다.

[▶] **현재 스크립트 실행(F5) 아이콘을 클릭하여 코드를 실행합니다.**

센서가 감지되었을 때는 경고음을 발생하지 않습니다. 윗면의 LED의 상태에 따라 센서의 감지 유무의 확인이 가능합니다.

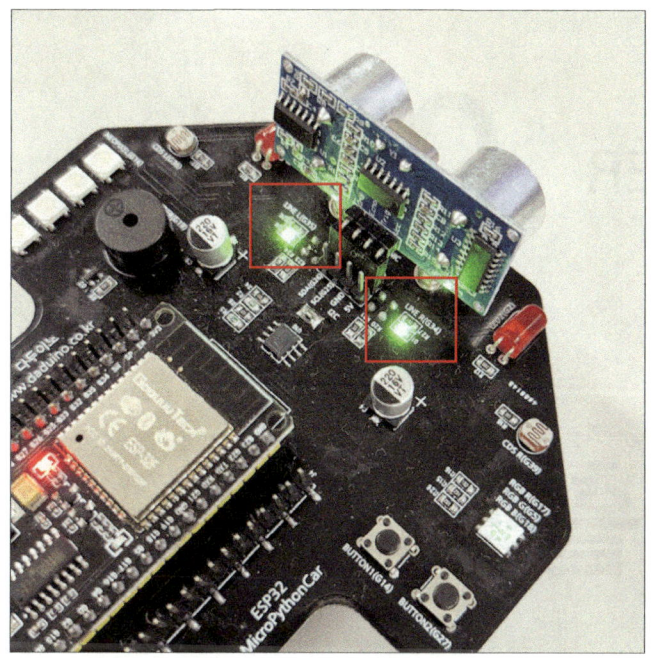

적외선 센서 두 개 중 하나라도 감지하지 못할 때 긴급 경고음을 발생시킵니다.

CHAPTER 05

통신 활용하기

ESP32의 블루투스와 Wi-Fi 기능을 활용해 자동차 제어 시스템을 구현합니다. 블루투스를 이용한 근거리 조종 자동차를 제작하고, Wi-Fi 웹서버를 통해 원격으로 자동차를 조종하는 방법을 살펴봅니다.

5-1

블루투스 통신

ESP32의 블루투스 통신 기능은 간단한 설정으로 근거리에서 안정적인 데이터 송수신이 가능합니다. BLE(Bluetooth Low Energy)를 지원해 다양한 디바이스와의 연결 및 제어에 유용하며, 저전력으로도 효율적인 통신 환경을 제공합니다.

5-1-1. 블루투스 통신으로 값 전송하기

블루투스(BLE) 통신을 구현하여 데이터를 주고받는 프로그램을 만들어 봅니다. 장치 연결 상태를 확인하며, 연결되었을 때 주기적으로 데이터를 전송합니다.

5-1-1.py

```python
01    from machine import Pin, Timer
02    import time
03    import bluetooth
04
05    BLE_MSG =""
06
07    class Esp32Ble():
08        def __init__(self, name):
09            self.timer1 = Timer(0)
10            self.name = name
11            self.ble = bluetooth.BLE()
12            self.ble.active(True)
13            self.ble.config(gap_name=name)
14            self.disconnected()
15            self.ble.irq(self.ble_irq)
16            self.register()
17            self.ble.gatts_write(self.rx, bytes(100))
18            self.advertiser()
19            self.connected_flag =False
20
21        def connected(self):
22            self.timer1.deinit()
23            self.connected_flag =True
```

```
24                print("connected")
25
26        def disconnected(self):
27                self.timer1.init(period=100, mode=Timer.PERIODIC, callback=lambda t: print("disconnected"))
28            self.connected_flag =False
29
30        def ble_irq(self, event, data):
31            global BLE_MSG
32            if event ==1:
33                self.connected()
34            elif event ==2:
35                self.advertiser()
36                self.disconnected()
37            elif event ==3:
38                buffer =self.ble.gatts_read(self.rx)
39                BLE_MSG = buffer.decode('UTF-8').strip()
40
41        def register(self):
42            service_uuid ='6E400001-B5A3-F393-E0A9-E50E24DCCA9E'
43            reader_uuid ='6E400002-B5A3-F393-E0A9-E50E24DCCA9E'
44            sender_uuid ='6E400003-B5A3-F393-E0A9-E50E24DCCA9E'
45            services = (
46                (
47                    bluetooth.UUID(service_uuid),
48                    (
49                        (bluetooth.UUID(sender_uuid), bluetooth.FLAG_NOTIFY),
50                        (bluetooth.UUID(reader_uuid), bluetooth.FLAG_WRITE),
51                    )
52                ),
53            )
54
55            ((self.tx, self.rx,),) =self.ble.gatts_register_services(services)
56
57        def send(self, data):
58            if self.connected_flag:
59                self.ble.gatts_notify(0, self.tx, data.encode('utf-8') + b'\n')
60
61        def advertiser(self):
62            adv_name = bytes(self.name, 'UTF-8')
63            adv_data = bytearray(b'\x02\x01\x02') + bytearray((len(adv_name) +1, 0x09)) + adv_name
64            self.ble.gap_advertise(100, adv_data)
65            print(adv_data)
66            print("\r\n")
67
68
69    ble = Esp32Ble("ESP32BLE")
70
71
72    count =0
73    try:
74        while True:
75            ble.send('hi'+str(count))
76            count +=1
77            time.sleep(1.0)
78
79    except KeyboardInterrupt:
80        pass
```

코드 설명

03: bluetooth 모듈을 불러옵니다. 블루투스 통신을 설정하고 제어합니다.

05: BLE_MSG 전역 변수를 초기화합니다. BLE로 수신된 메시지를 저장할 변수입니다.

07~20: Esp32Ble 클래스는 BLE 통신을 관리합니다.

08~13: 초기화 메서드로, BLE 객체를 활성화하고 기본 설정을 완료합니다.

14: BLE 연결이 끊긴 상태를 처리하는 메서드를 호출합니다.

15: BLE 이벤트를 처리할 ble_irq 핸들러를 설정합니다.

16~18: BLE 서비스를 등록하고 초기 데이터를 설정합니다. 광고(Advertising)를 시작합니다.

19: 연결 상태를 추적하는 플래그를 초기화합니다.

21~29: 연결 상태를 관리하는 메서드입니다.

connected(): 연결되었을 때 타이머를 해제하고 플래그를 활성화합니다.

disconnected(): 연결이 끊겼을 때 타이머를 주기적으로 호출하여 상태를 출력하고 플래그를 비활성화합니다.

30~39: ble_irq는 BLE 이벤트를 처리하는 핸들러입니다.

이벤트 1: BLE 연결 이벤트로, 연결 상태를 처리합니다.

이벤트 2: 연결 끊김 이벤트로, 광고를 다시 시작하고 연결 끊김 상태를 설정합니다.

이벤트 3: BLE 데이터를 수신하여 BLE_MSG에 저장합니다.

41~55: register() 는 BLE 서비스를 등록합니다.

service_uuid: 서비스 식별자.

reader_uuid, sender_uuid: 읽기 및 쓰기 특성을 정의합니다.

등록한 서비스와 특성을 BLE 객체에 설정합니다.

57~59: send() 는 연결된 상태에서 데이터를 전송합니다. 데이터를 UTF-8 형식으로 변환 후 BLE로 알림을 보냅니다.

61~65: advertiser() 는 BLE 광고 데이터를 설정하고 광고를 시작합니다.

69: Esp32Ble 클래스의 인스턴스를 생성하여 "ESP32BLE"라는 이름으로 BLE를 설정합니다.

72~77: 무한 루프에서 BLE 데이터를 주기적으로 전송합니다.

75: "hi"와 증가하는 숫자를 결합하여 데이터를 보냅니다.

76: 숫자를 증가시킵니다.

77: 1초 동안 대기합니다.

[▶] 현재 스크립트 실행(F5) 아이콘을 클릭하여 코드를 실행합니다.

블루투스가 연결되지 않으면 disconnected 문구가 출력됩니다.

블루투스의 연결 및 데이터를 수신받기 위해서 안드로이드 스마트폰의 플레이스토어에서 "블루투스 시리얼"을 검색 후 [Serial Bluetooth Terminal] 앱을 설치합니다.

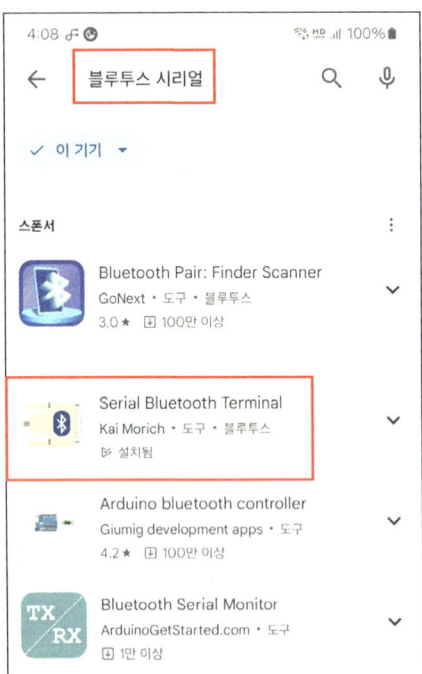

[Serial Bluetooth Terminal] 앱을 실행 후 왼쪽 위의 더보기를 클릭합니다.
*안드로이드에서 블루투스는 켠 상태로 진행합니다.

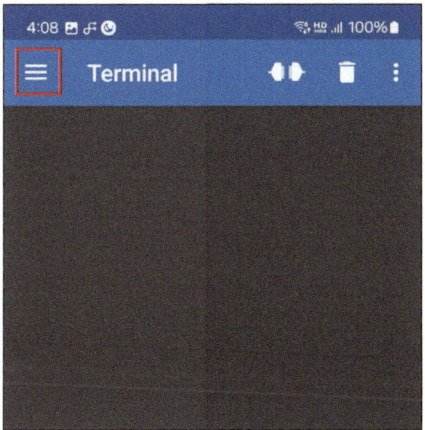

[Devices] 탭으로 이동합니다.

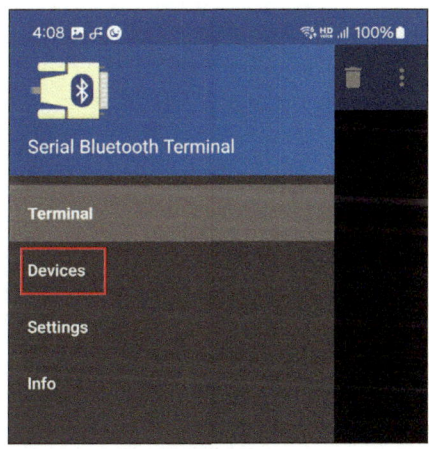

[BluetoothLE] 탭을 클릭 후 [SCAN]을 눌러 장치를 스캔합니다.

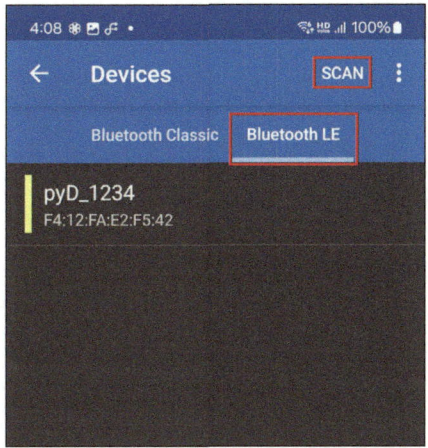

코드에서 설정한 이름인 "ESP32BLE"를 선택합니다.

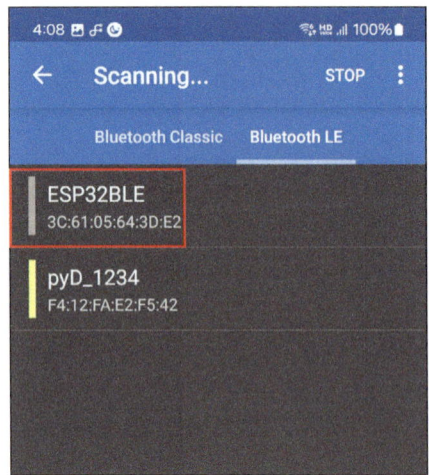

블루투스와 연결되었습니다. 연결 아이콘이 붙어 있으면 연결된 것입니다. ESP32에서 전송된 값이 스마트폰으로 출력되었습니다.

*한번 연결하면 매번 연결할 필요 없이 연결 아이콘을 클릭하여 마지막에 연결된 장치와 빠르게 연결할 수 있습니다.

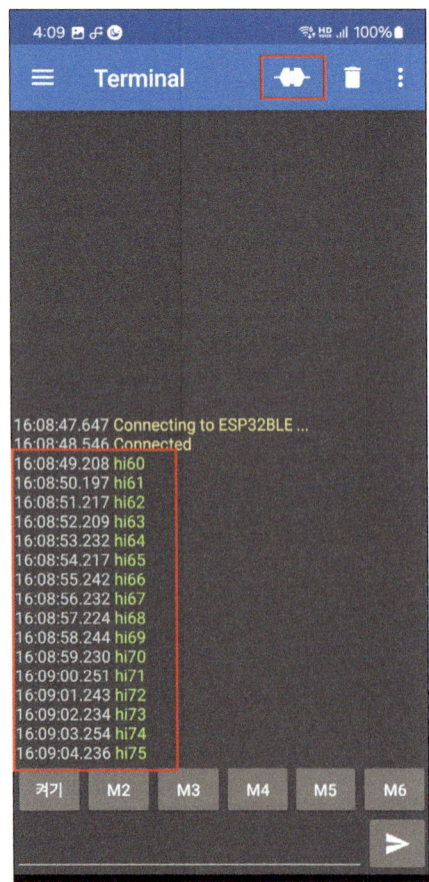

쉘영역에서 블루투스가 연결되어 connected 가 출력되었습니다.

```
쉘
 disconnected
 disconnected
 disconnected
 disconnected
 disconnected
 disconnected
 disconnected
 disconnected
 disconnected
 disconnected
 disconnected
 connected
```

5-1-2. 블루투스 통신으로 값 수신받기

ESP32에서 BLE를 사용하여 데이터를 수신하고, 수신된 메시지를 출력하는 프로그램을 작성해 봅니다.

5-1-2.py

```python
01   from machine import Pin, Timer
02   import time
03   import bluetooth
04
05   BLE_MSG =""
06
07   class Esp32Ble():
08       def __init__(self, name):
09           self.timer1 = Timer(0)
10           self.name = name
11           self.ble = bluetooth.BLE()
12           self.ble.active(True)
13           self.ble.config(gap_name=name)
14           self.disconnected()
15           self.ble.irq(self.ble_irq)
16           self.register()
17           self.ble.gatts_write(self.rx, bytes(100))
18           self.advertiser()
19           self.connected_flag =False
20
21       def connected(self):
22           self.timer1.deinit()
23           self.connected_flag =True
24           print("connected")
25
26       def disconnected(self):
27                   self.timer1.init(period=100, mode=Timer.PERIODIC, callback=lambda t: print("disconnected"))
28           self.connected_flag =False
29
30       def ble_irq(self, event, data):
31           global BLE_MSG
```

```
32                  if event ==1:
33                      self.connected()
34                  elif event ==2:
35                      self.advertiser()
36                      self.disconnected()
37                  elif event ==3:
38                      buffer =self.ble.gatts_read(self.rx)
39                      BLE_MSG = buffer.decode('UTF-8').strip()
40
41          def register(self):
42              service_uuid ='6E400001-B5A3-F393-E0A9-E50E24DCCA9E'
43              reader_uuid ='6E400002-B5A3-F393-E0A9-E50E24DCCA9E'
44              sender_uuid ='6E400003-B5A3-F393-E0A9-E50E24DCCA9E'
45              services = (
46                  (
47                      bluetooth.UUID(service_uuid),
48                      (
49                          (bluetooth.UUID(sender_uuid), bluetooth.FLAG_NOTIFY),
50                          (bluetooth.UUID(reader_uuid), bluetooth.FLAG_WRITE),
51                      )
52                  ),
53              )
54
55              ((self.tx, self.rx,),) =self.ble.gatts_register_services(services)
56
57          def send(self, data):
58              if self.connected_flag:
59                  self.ble.gatts_notify(0, self.tx, data.encode('utf-8') + b'\n')
60
61          def advertiser(self):
62              adv_name = bytes(self.name, 'UTF-8')
63              adv_data = bytearray(b'\x02\x01\x02') + bytearray((len(adv_name) +1, 0x09)) + adv_name
64              self.ble.gap_advertise(100, adv_data)
65              print(adv_data)
66              print("\r\n")
67
68
69  ble = Esp32Ble("ESP32BLE")
70
71  try:
72      while True:
73          if BLE_MSG:
74              print(BLE_MSG)
75              BLE_MSG =""
76
77  except KeyboardInterrupt:
78      pass
```

코드 설명

71~77: 메인 루프에서 BLE 메시지를 확인하고 출력합니다.

73~75: BLE로 수신된 메시지가 있으면 출력하고 BLE_MSG를 초기화합니다.

[▶] **현재 스크립트 실행(F5) 아이콘을 클릭하여 코드를 실행합니다.**

[Serial Bluetooth Terminal] 앱에서 마지막에 연결된 블루투스는 [연결] 아이콘을 클릭하여 빠르게 다시 연결할 수 있습니다.
[연결] 아이콘을 클릭합니다.

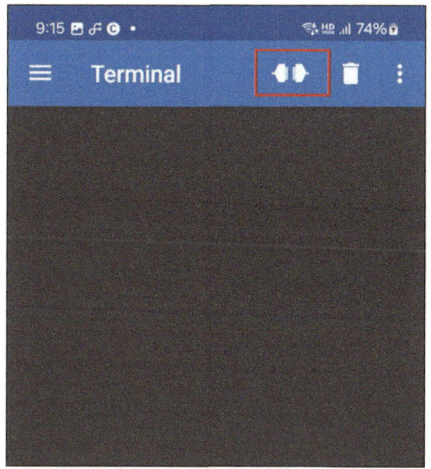

마지막에 연결된 블루투스와 연결되었습니다. Connected 문자가 출력됩니다.

통신 활용하기   175

쉘 영역에서도 connected가 출력되었습니다.

```
쉘
 disconnected
 disconnected
 disconnected
 disconnected
 disconnected
 disconnected
 disconnected
 disconnected
 disconnected
 disconnected
 disconnected
 disconnected
 disconnected
 disconnected
 connected
```

[Serial Bluetooth Terminal] 앱에서 hello를 입력 후 [전송] 합니다.

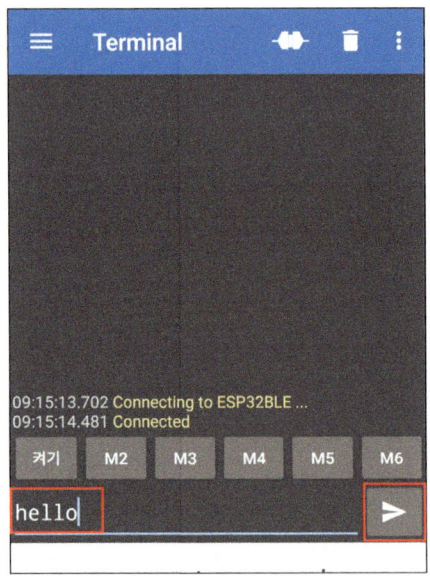

데이터를 잘 수신받아 출력하였습니다.

```
쉘
 disconnected
 disconnected
 disconnected
 disconnected
 disconnected
 disconnected
 disconnected
 disconnected
 disconnected
 disconnected
 disconnected
 disconnected
 disconnected
 connected
 hello
```

5-1-3. 블루투스 통신으로 값 수신받아 조건 설정하기

블루투스로 수신된 메시지에 따라 특정 조건을 확인하고, 해당하는 응답 메시지를 전송하는 로직을 추가한 코드를 작성합니다.

5-1-3.py

```python
01    from machine import Pin, Timer
02    import time
03    import bluetooth
04
05    BLE_MSG =""
06
07    class Esp32Ble():
08        def __init__(self, name):
09            self.timer1 = Timer(0)
10            self.name = name
11            self.ble = bluetooth.BLE()
12            self.ble.active(True)
13            self.ble.config(gap_name=name)
14            self.disconnected()
15            self.ble.irq(self.ble_irq)
16            self.register()
17            self.ble.gatts_write(self.rx, bytes(100))
18            self.advertiser()
19            self.connected_flag =False
20
21        def connected(self):
22            self.timer1.deinit()
23            self.connected_flag =True
24            print("connected")
25
26        def disconnected(self):
27                self.timer1.init(period=100, mode=Timer.PERIODIC, callback=lambda t: print("disconnected"))
28            self.connected_flag =False
29
30        def ble_irq(self, event, data):
31            global BLE_MSG
32            if event ==1:
33                self.connected()
34            elif event ==2:
35                self.advertiser()
36                self.disconnected()
37            elif event ==3:
38                buffer =self.ble.gatts_read(self.rx)
39                BLE_MSG = buffer.decode('UTF-8').strip()
40
41        def register(self):
42            service_uuid ='6E400001-B5A3-F393-E0A9-E50E24DCCA9E'
43            reader_uuid ='6E400002-B5A3-F393-E0A9-E50E24DCCA9E'
44            sender_uuid ='6E400003-B5A3-F393-E0A9-E50E24DCCA9E'
45            services = (
46                (
47                    bluetooth.UUID(service_uuid),
```

```
48                  (
49                          (bluetooth.UUID(sender_uuid), bluetooth.FLAG_NOTIFY),
50                          (bluetooth.UUID(reader_uuid), bluetooth.FLAG_WRITE),
51                  )
52              ),
53          )
54
55          ((self.tx, self.rx,),) =self.ble.gatts_register_services(services)
56
57      def send(self, data):
58          if self.connected_flag:
59              self.ble.gatts_notify(0, self.tx, data.encode('utf-8') + b'\n')
60
61      def advertiser(self):
62          adv_name = bytes(self.name, 'UTF-8')
63          adv_data = bytearray(b'\x02\x01\x02') + bytearray((len(adv_name) +1, 0x09)) + adv_name
64          self.ble.gap_advertise(100, adv_data)
65          print(adv_data)
66          print("\r\n")
67
68
69  ble = Esp32Ble("ESP32BLE")
70
71  try:
72      while True:
73          if BLE_MSG:
74              print(BLE_MSG)
75              if "red"in BLE_MSG:
76                  ble.send('red ok')
77              elif "green"in BLE_MSG:
78                  ble.send('green ok')
79              elif "blue"in BLE_MSG:
80                  ble.send('blue ok')
81              elif "off"in BLE_MSG:
82                  ble.send('off ok')
83              BLE_MSG =""
84
85  except KeyboardInterrupt:
86      pass
```

코드 설명

72: 무한 루프를 시작합니다. 프로그램이 BLE 메시지를 계속 확인하도록 설정합니다.

73: BLE_MSG 변수가 비어있지 않으면(즉, BLE로 메시지를 수신하면) 실행됩니다.

74: 수신된 BLE_MSG 값을 출력합니다.

75~82: 수신된 메시지 내용에 따라 BLE로 응답 메시지를 전송합니다.

75~76: 메시지에 "red"가 포함되어 있으면, "red ok"라는 응답을 전송합니다.

77~78: 메시지에 "green"이 포함되어 있으면, "green ok"라는 응답을 전송합니다.

79~80: 메시지에 "blue"가 포함되어 있으면, "blue ok"라는 응답을 전송합니다.

81~82: 메시지에 "off"가 포함되어 있으면, "off ok"라는 응답을 전송합니다.

83: 처리된 후 BLE_MSG를 빈 문자열로 초기화하여 다음 메시지를 대기합니다.

[▶] 현재 스크립트 실행(F5) 아이콘을 클릭하여 코드를 실행합니다.

블루투스를 연결한 다음 진행합니다.

red, green, blue, off를 각각 입력한 다음 응답하는 결과를 확인합니다.

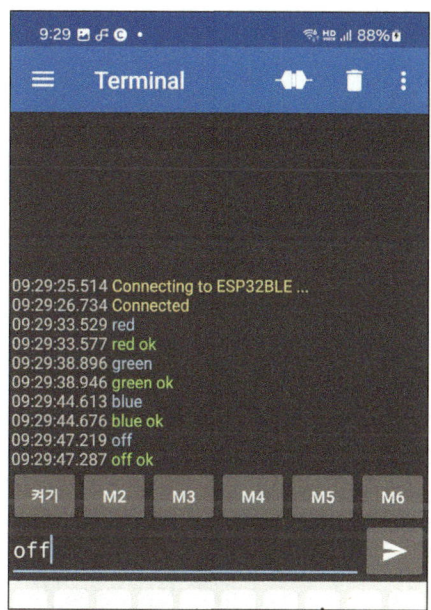

각각의 데이터를 수신받아 조건에 따른 결과를 출력하였습니다.

```
disconnected
disconnected
disconnected
disconnected
disconnected
disconnected
disconnected
disconnected
disconnected
disconnected
connected
red
green
blue
off
```

5-1-4. 블루투스 통신으로 값 수신받아 RGB LED 색상 제어하기

블루투스를 통해 수신한 메시지를 RGB LED의 밝기 값으로 변환하여 LED를 제어합니다. 메시지 형식이 잘못되었을 때 오류를 출력합니다.

5-1-4.py

```python
01   from machine import Pin, Timer, PWM
02   import time
03   import bluetooth
04
05   LED_RED = PWM(Pin(17),freq=1000,duty=0)
06   LED_GREEN = PWM(Pin(5),freq=1000,duty=0)
07   LED_BLUE = PWM(Pin(18),freq=1000,duty=0)
08
09   BLE_MSG =""
10
11   class Esp32Ble():
12       def __init__(self, name):
13           self.timer1 = Timer(0)
14           self.name = name
15           self.ble = bluetooth.BLE()
16           self.ble.active(True)
17           self.ble.config(gap_name=name)
18           self.disconnected()
19           self.ble.irq(self.ble_irq)
20           self.register()
21           self.ble.gatts_write(self.rx, bytes(100))
22           self.advertiser()
23           self.connected_flag =False
24
25       def connected(self):
26           self.timer1.deinit()
27           self.connected_flag =True
28           print("connected")
29
30       def disconnected(self):
31               self.timer1.init(period=100, mode=Timer.PERIODIC, callback=lambda t: print("disconnected"))
32           self.connected_flag =False
33
34       def ble_irq(self, event, data):
35           global BLE_MSG
36           if event ==1:
37               self.connected()
38           elif event ==2:
39               self.advertiser()
40               self.disconnected()
41           elif event ==3:
42               buffer =self.ble.gatts_read(self.rx)
43               BLE_MSG = buffer.decode('UTF-8').strip()
44
45       def register(self):
46           service_uuid ='6E400001-B5A3-F393-E0A9-E50E24DCCA9E'
47           reader_uuid ='6E400002-B5A3-F393-E0A9-E50E24DCCA9E'
```

```python
48                sender_uuid ='6E400003-B5A3-F393-E0A9-E50E24DCCA9E'
49                services = (
50                    (
51                        bluetooth.UUID(service_uuid),
52                        (
53                            (bluetooth.UUID(sender_uuid), bluetooth.FLAG_NOTIFY),
54                            (bluetooth.UUID(reader_uuid), bluetooth.FLAG_WRITE),
55                        )
56                    ),
57                )
58
59                ((self.tx, self.rx,),) =self.ble.gatts_register_services(services)
60
61        def send(self, data):
62            if self.connected_flag:
63                self.ble.gatts_notify(0, self.tx, data.encode('utf-8') + b'\n')
64
65        def advertiser(self):
66            adv_name = bytes(self.name, 'UTF-8')
67            adv_data = bytearray(b'\x02\x01\x02') + bytearray((len(adv_name) +1, 0x09)) + adv_name
68            self.ble.gap_advertise(100, adv_data)
69            print(adv_data)
70            print("\r\n")
71
72
73  ble = Esp32Ble("ESP32BLE")
74
75  try:
76      while True:
77          if BLE_MSG:
78              values = BLE_MSG.split(',')
79              try:
80                  LED_RED.duty(int(values[0]))
81                  LED_GREEN.duty(int(values[1]))
82                  LED_BLUE.duty(int(values[2]))
83              except:
84                  print("잘못된 값")
85              BLE_MSG =""
86
87  except KeyboardInterrupt:
88      pass
```

코드 설명

77: BLE_MSG 변수가 비어 있지 않으면 실행됩니다(즉, BLE로 메시지를 수신한 경우).

78: BLE_MSG를 쉼표(,)를 기준으로 분리하여 values 리스트에 저장합니다.

79~82: 예외 처리 블록을 시작하여, 메시지가 올바르지 않은 경우를 대비합니다.

80: values[0] 값을 정수로 변환하여 빨간색 LED의 듀티비를 설정합니다.

81: values[1] 값을 정수로 변환하여 초록색 LED의 듀티비를 설정합니다.

82: values[2] 값을 정수로 변환하여 파란색 LED의 듀티비를 설정합니다.

83~84: 메시지 형식이 잘못되었거나 변환 중 오류가 발생하면 "잘못된 값"을 출력합니다.

85: 메시지를 처리한 후 BLE_MSG를 빈 문자열로 초기화하여 다음 메시지를 대기합니다.

[▶] 현재 스크립트 실행(F5) 아이콘을 클릭하여 코드를 실행합니다.

블루투스를 연결한 다음 진행합니다.

1023,0,0을 전송합니다. 순서대로 빨간색, 녹색, 파란색 LED를 제어할 수 있습니다. 0~1023 까지 값을 입력 합니다.

빨간색 LED가 가장 밝은 밝기로 켜졌습니다.

0,1023,0을 입력합니다.

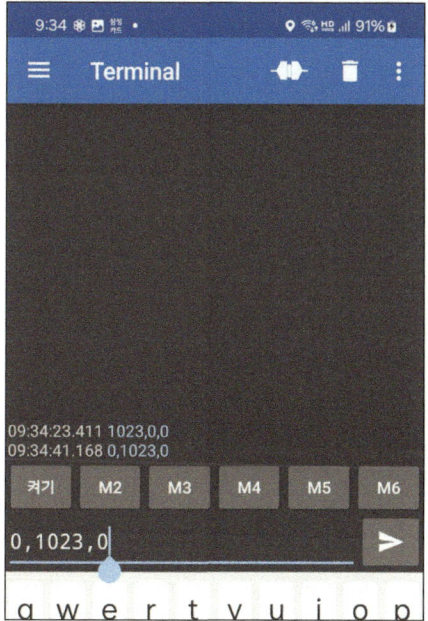

녹색 LED가 가장 밝은 밝기로 켜졌습니다.

1023,1023,1023을 입력합니다.

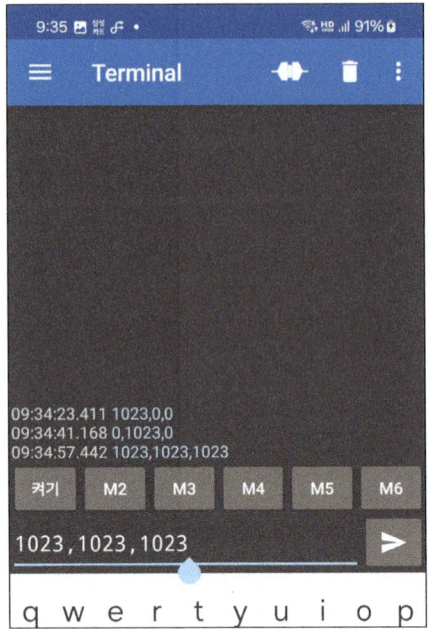

빨간색, 녹색, 파란색 LED가 가장 밝은 밝기로 켜져 흰색으로 출력되었습니다.

5-2

블루투스 통신 조종 자동차 만들기

ESP32의 블루투스 기능을 활용하여 스마트폰과 연결해 제어할 수 있습니다. 블루투스를 통해 자동차의 이동 방향을 실시간으로 제어하며, 간단한 코드와 연결 설정으로 근거리 조작에 적합한 시스템을 구현합니다.

5-2-1. 자동차 움직임 구현하기

DC 모터를 제어하고 자동차를 움직이는 프로그램을 작성합니다. 전진, 후진, 좌회전, 우회전, 정지 동작을 수행합니다.

5-2-1.py

```python
01  from machine import Pin,PWM
02  import time
03
04  MOTOR_L_F_R = Pin(32,Pin.OUT)
05  MOTOR_L_SPEED = PWM(Pin(33),freq=1000,duty=0)
06
07  MOTOR_R_F_R = Pin(23,Pin.OUT)
08  MOTOR_R_SPEED = PWM(Pin(22),freq=1000,duty=0)
09
10  def car_go(speed):
11      MOTOR_L_F_R.value(0)
12      MOTOR_L_SPEED.duty(speed)
13      MOTOR_R_F_R.value(1)
14      MOTOR_R_SPEED.duty(speed)
15
16  def car_back(speed):
17      MOTOR_L_F_R.value(1)
18      MOTOR_L_SPEED.duty(speed)
```

```python
19         MOTOR_R_F_R.value(0)
20         MOTOR_R_SPEED.duty(speed)
21
22  def car_left_turn(speed):
23         MOTOR_L_F_R.value(1)
24         MOTOR_L_SPEED.duty(speed)
25         MOTOR_R_F_R.value(1)
26         MOTOR_R_SPEED.duty(speed)
27
28  def car_right_turn(speed):
29         MOTOR_L_F_R.value(0)
30         MOTOR_L_SPEED.duty(speed)
31         MOTOR_R_F_R.value(0)
32         MOTOR_R_SPEED.duty(speed)
33
34  def car_stop():
35         MOTOR_L_F_R.value(0)
36         MOTOR_L_SPEED.duty(0)
37         MOTOR_R_F_R.value(0)
38         MOTOR_R_SPEED.duty(0)
39
40  try:
41      while True:
42          car_go(512)
43          print("go")
44          time.sleep(2.0)
45
46          car_back(512)
47          print("back")
48          time.sleep(2.0)
49
50          car_left_turn(512)
51          print("left_turn")
52          time.sleep(2.0)
53
54          car_right_turn(512)
55          print("right_turn")
56          time.sleep(2.0)
57
58          car_stop()
59          print("stop")
60          time.sleep(2.0)
61
62  except  KeyboardInterrupt:
63      MOTOR_L_SPEED.duty(0)
64      MOTOR_L_SPEED.deinit()
65      MOTOR_R_SPEED.duty(0)
66      MOTOR_R_SPEED.deinit()
```

코드 설명

01: Pin과 PWM 모듈을 불러옵니다. 핀 제어와 PWM 신호 생성을 위해 사용됩니다.

02: time 모듈을 불러옵니다. 시간 지연 처리를 위해 사용됩니다.

04: MOTOR_L_F_R 핀(32번)을 출력 모드로 설정합니다. 좌측 모터의 회전 방향을 제어합니다.

05: MOTOR_L_SPEED 핀(33번)을 PWM 모드로 설정하여 좌측 모터의 속도를 제어합니다. 초기 듀티비는 0으로 설정합니다.

07: MOTOR_R_F_R 핀(23번)을 출력 모드로 설정합니다. 우측 모터의 회전 방향을 제어합니다.

08: MOTOR_R_SPEED 핀(22번)을 PWM 모드로 설정하여 우측 모터의 속도를 제어합니다. 초기 듀티비는 0으로 설정합니다.

10~14: car_go(speed) 함수는 차량을 앞으로 이동시킵니다.

좌측 모터를 정방향(0), 우측 모터를 역방향(1)으로 설정하고 입력 속도로 모터를 동작시킵니다.

16~20: car_back(speed) 함수는 차량을 후진시킵니다.

좌측 모터를 역방향(1), 우측 모터를 정방향(0)으로 설정하고 입력 속도로 모터를 동작시킵니다.

22~26: car_left_turn(speed) 함수는 차량을 좌회전시킵니다.

두 모터를 역방향으로 동작시킵니다.

28~32: car_right_turn(speed) 함수는 차량을 우회전시킵니다.

두 모터를 정방향으로 동작시킵니다.

34~38: car_stop() 함수는 차량을 정지시킵니다.

두 모터의 속도를 0으로 설정하여 멈춥니다.

40~60: try 블록에서 차량의 동작을 순차적으로 테스트합니다.

42~44: 차량을 전진시키고 2초간 유지합니다.

46~48: 차량을 후진시키고 2초간 유지합니다.

50~52: 차량을 좌회전시키고 2초간 유지합니다.

54~56: 차량을 우회전시키고 2초간 유지합니다.

58~60: 차량을 정지시키고 2초간 유지합니다.

[▶] **현재 스크립트 실행(F5) 아이콘을 클릭하여 코드를 실행합니다.**

전원스위치를 ON으로 한 다음 진행합니다.

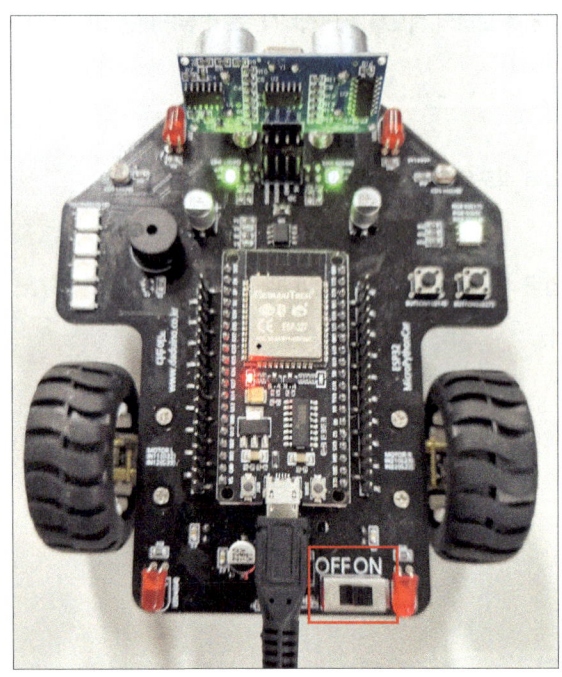

자동차가 전진, 후진, 왼쪽, 오른쪽, 멈춤 순서대로 동작합니다.

쉘 영역에 현재 동작하는 움직임이 출력됩니다.

```
쉘
  back
  left_turn
  right_turn
  stop
  go
  back
  left_turn
  right_turn
  stop
  go
  back
  left_turn
  right_turn
  stop
  go
```

5-2-2. 블루투스 통신으로 조종 신호 조건 설정하기

블루투스를 통해 자동차의 동작 명령("go", "back", "left", "right", "stop")을 수신하고, 각 명령에 맞는 상태를 확인한 후 블루투스로 피드백하는 코드를 작성합니다.

5-2-2.py

```python
from machine import Pin, Timer, PWM
import time
import bluetooth

BLE_MSG =""

class Esp32Ble():
    def __init__(self, name):
        self.timer1 = Timer(0)
        self.name = name
        self.ble = bluetooth.BLE()
        self.ble.active(True)
        self.ble.config(gap_name=name)
        self.disconnected()
        self.ble.irq(self.ble_irq)
        self.register()
        self.ble.gatts_write(self.rx, bytes(100))
        self.advertiser()
        self.connected_flag =False

    def connected(self):
        self.timer1.deinit()
        self.connected_flag =True
        print("connected")

    def disconnected(self):
```

```python
27                        self.timer1.init(period=100, mode=Timer.PERIODIC, callback=lambda t:
print("disconnected"))
28              self.connected_flag =False
29
30      def ble_irq(self, event, data):
31          global BLE_MSG
32          if event ==1:
33              self.connected()
34          elif event ==2:
35              self.advertiser()
36              self.disconnected()
37          elif event ==3:
38              buffer =self.ble.gatts_read(self.rx)
39              BLE_MSG = buffer.decode('UTF-8').strip()
40
41      def register(self):
42          service_uuid ='6E400001-B5A3-F393-E0A9-E50E24DCCA9E'
43          reader_uuid ='6E400002-B5A3-F393-E0A9-E50E24DCCA9E'
44          sender_uuid ='6E400003-B5A3-F393-E0A9-E50E24DCCA9E'
45          services = (
46              (
47                  bluetooth.UUID(service_uuid),
48                  (
49                      (bluetooth.UUID(sender_uuid), bluetooth.FLAG_NOTIFY),
50                      (bluetooth.UUID(reader_uuid), bluetooth.FLAG_WRITE),
51                  )
52              ),
53          )
54
55          ((self.tx, self.rx,),) =self.ble.gatts_register_services(services)
56
57      def send(self, data):
58          if self.connected_flag:
59              self.ble.gatts_notify(0, self.tx, data.encode('utf-8') + b'\n')
60
61      def advertiser(self):
62          adv_name = bytes(self.name, 'UTF-8')
63          adv_data = bytearray(b'\x02\x01\x02') + bytearray((len(adv_name) +1, 0x09)) + adv_name
64          self.ble.gap_advertise(100, adv_data)
65          print(adv_data)
66          print("\r\n")
67
68
69  ble = Esp32Ble("ESP32BLE")
70
71  try:
72      while True:
73          if BLE_MSG:
74              print(BLE_MSG)
75              if "go"in BLE_MSG:
76                  ble.send('go ok')
77              elif "back"in BLE_MSG:
78                  ble.send('back ok')
79              elif "left"in BLE_MSG:
80                  ble.send('left ok')
81              elif "right"in BLE_MSG:
82                  ble.send('right ok')
83              elif "stop"in BLE_MSG:
```

```
84                          ble.send('stop ok')
85                      BLE_MSG =""
86
87      except KeyboardInterrupt:
88          pass
```

코드 설명

73: BLE_MSG 변수가 비어 있지 않으면 실행됩니다(즉, BLE를 통해 명령을 수신한 경우).

74: 수신된 BLE_MSG를 출력합니다.

75~84: 수신된 메시지에 따라 동작을 확인하고 응답을 보냅니다.

75~76: 메시지에 "go"가 포함되어 있으면 "go ok"라는 응답을 전송합니다.

77~78: 메시지에 "back"이 포함되어 있으면 "back ok"라는 응답을 전송합니다.

79~80: 메시지에 "left"가 포함되어 있으면 "left ok"라는 응답을 전송합니다.

81~82: 메시지에 "right"가 포함되어 있으면 "right ok"라는 응답을 전송합니다.

83~84: 메시지에 "stop"이 포함되어 있으면 "stop ok"라는 응답을 전송합니다.

85: 메시지를 처리한 후 BLE_MSG를 빈 문자열로 초기화하여 다음 메시지를 대기합니다.

[▶] 현재 스크립트 실행(F5) 아이콘을 클릭하여 코드를 실행합니다.

블루투스를 연결한 다음 진행합니다.

go를 입력한 다음 전송하면 go ok가 응답이 옵니다.

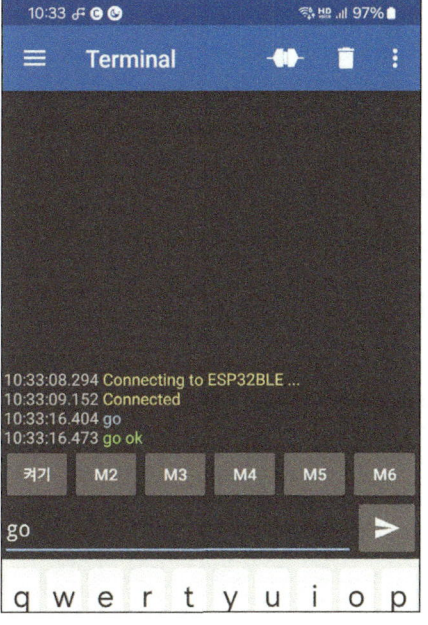

자동차를 조종하기 위해서 매번 go, back, left, right, stop을 입력하기에는 어렵습니다. 앱에서 버튼으로 값을 매칭해두면 빠르게 입력할 수 있습니다.

아래 버튼을 길게 눌러 버튼 설정으로 이동합니다.

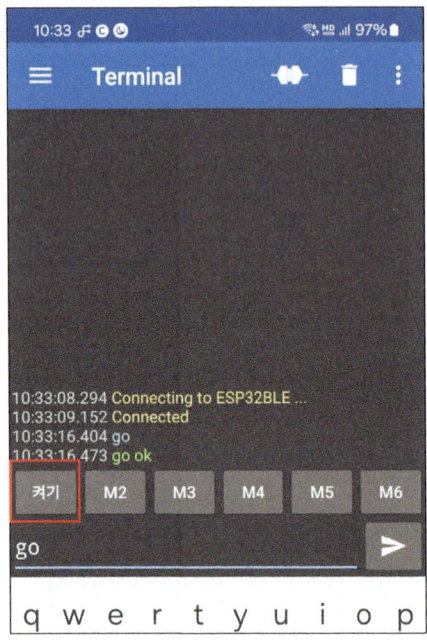

Name은 전진, Value는 go를 입력한 다음 V를 눌러 설정을 저장합니다. Name은 버튼에 표시되는 이름이고 Value는 실제 전송되는 값입니다.

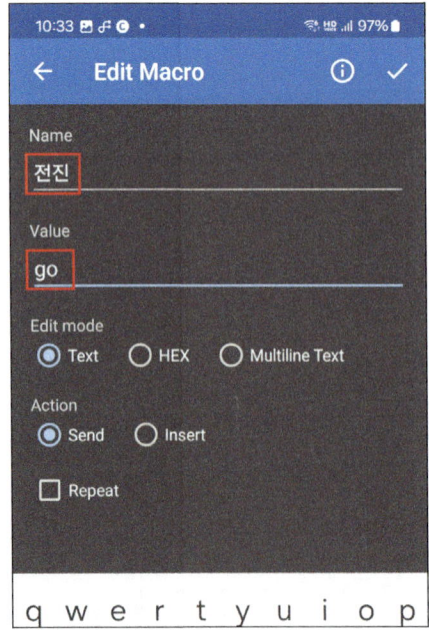

전진(go), 후진(back), 왼쪽(left), 오른쪽(right), 멈춤(stop)으로 버튼을 매칭합니다. 버튼을 눌러 각 명령에 따른 값이 잘 응답이 오는지 확인합니다.

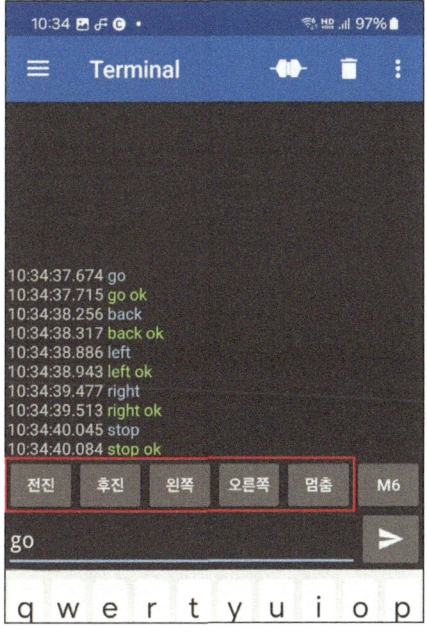

5-2-3. 블루투스 통신 조종 자동차 만들기

실제 자동차를 움직이는 기능을 넣어 블루투스 조종 자동차를 완성하도록 합니다.

5-2-3.py

```
001    from machine import Pin, Timer, PWM
002    import time
003    import bluetooth
004
005    MOTOR_L_F_R = Pin(32,Pin.OUT)
006    MOTOR_L_SPEED = PWM(Pin(33),freq=1000,duty=0)
007
008    MOTOR_R_F_R = Pin(23,Pin.OUT)
009    MOTOR_R_SPEED = PWM(Pin(22),freq=1000,duty=0)
010
011    def car_go(speed):
012        MOTOR_L_F_R.value(0)
013        MOTOR_L_SPEED.duty(speed)
014        MOTOR_R_F_R.value(1)
015        MOTOR_R_SPEED.duty(speed)
016
017    def car_back(speed):
018        MOTOR_L_F_R.value(1)
019        MOTOR_L_SPEED.duty(speed)
020        MOTOR_R_F_R.value(0)
```

```
021            MOTOR_R_SPEED.duty(speed)
022
023    def car_left_turn(speed):
024        MOTOR_L_F_R.value(1)
025        MOTOR_L_SPEED.duty(speed)
026        MOTOR_R_F_R.value(1)
027        MOTOR_R_SPEED.duty(speed)
028
029    def car_right_turn(speed):
030        MOTOR_L_F_R.value(0)
031        MOTOR_L_SPEED.duty(speed)
032        MOTOR_R_F_R.value(0)
033        MOTOR_R_SPEED.duty(speed)
034
035    def car_stop():
036        MOTOR_L_F_R.value(0)
037        MOTOR_L_SPEED.duty(0)
038        MOTOR_R_F_R.value(0)
039        MOTOR_R_SPEED.duty(0)
040
041    BLE_MSG =""
042
043    class Esp32Ble():
044        def __init__(self, name):
045            self.timer1 = Timer(0)
046            self.name = name
047            self.ble = bluetooth.BLE()
048            self.ble.active(True)
049            self.ble.config(gap_name=name)
050            self.disconnected()
051            self.ble.irq(self.ble_irq)
052            self.register()
053            self.ble.gatts_write(self.rx, bytes(100))
054            self.advertiser()
055            self.connected_flag =False
056
057        def connected(self):
058            self.timer1.deinit()
059            self.connected_flag =True
060            print("connected")
061
062        def disconnected(self):
063                  self.timer1.init(period=100, mode=Timer.PERIODIC, callback=lambda t:
print("disconnected"))
064            self.connected_flag =False
065
066        def ble_irq(self, event, data):
067            global BLE_MSG
068            if event ==1:
069                self.connected()
070            elif event ==2:
071                self.advertiser()
072                self.disconnected()
073            elif event ==3:
074                buffer =self.ble.gatts_read(self.rx)
075                BLE_MSG = buffer.decode('UTF-8').strip()
076
077        def register(self):
078            service_uuid ='6E400001-B5A3-F393-E0A9-E50E24DCCA9E'
```

```
079              reader_uuid ='6E400002-B5A3-F393-E0A9-E50E24DCCA9E'
080              sender_uuid ='6E400003-B5A3-F393-E0A9-E50E24DCCA9E'
081              services = (
082                  (
083                      bluetooth.UUID(service_uuid),
084                      (
085                          (bluetooth.UUID(sender_uuid), bluetooth.FLAG_NOTIFY),
086                          (bluetooth.UUID(reader_uuid), bluetooth.FLAG_WRITE),
087                      )
088                  ),
089              )
090
091              ((self.tx, self.rx,),) =self.ble.gatts_register_services(services)
092
093         def send(self, data):
094             if self.connected_flag:
095                 self.ble.gatts_notify(0, self.tx, data.encode('utf-8') + b'\n')
096
097         def advertiser(self):
098             adv_name = bytes(self.name, 'UTF-8')
099               adv_data = bytearray(b'\x02\x01\x02') + bytearray((len(adv_name) +1, 0x09)) + adv_name
100             self.ble.gap_advertise(100, adv_data)
101             print(adv_data)
102             print("\r\n")
103
104
105    ble = Esp32Ble("ESP32BLE")
106
107    try:
108        while True:
109            if BLE_MSG:
110                print(BLE_MSG)
111                if "go"in BLE_MSG:
112                    ble.send('go ok')
113                    car_go(512)
114                elif "back"in BLE_MSG:
115                    ble.send('back ok')
116                    car_back(512)
117                elif "left"in BLE_MSG:
118                    ble.send('left ok')
119                    car_left_turn(512)
120                elif "right"in BLE_MSG:
121                    ble.send('right ok')
122                    car_right_turn(512)
123                elif "stop"in BLE_MSG:
124                    ble.send('stop ok')
125                    car_stop()
126                BLE_MSG =""
127
128    except KeyboardInterrupt:
129        pass
```

코드 설명

109: BLE_MSG 변수가 비어 있지 않으면 실행됩니다(즉, BLE를 통해 명령을 수신한 경우).

110: 수신된 BLE_MSG를 출력합니다.

111~125: 수신된 메시지 내용에 따라 자동차를 제어하고 BLE로 응답을 전송합니다.

111~113: 메시지에 "go"가 포함되어 있으면 "go ok" 응답을 전송하고, 자동차를 전진시킵니다.

114~116: 메시지에 "back"이 포함되어 있으면 "back ok" 응답을 전송하고, 자동차를 후진시킵니다.

117~119: 메시지에 "left"가 포함되어 있으면 "left ok" 응답을 전송하고, 자동차를 좌회전시킵니다.

120~122: 메시지에 "right"가 포함되어 있으면 "right ok" 응답을 전송하고, 자동차를 우회전시킵니다.

123~125: 메시지에 "stop"이 포함되어 있으면 "stop ok" 응답을 전송하고, 자동차를 정지시킵니다.

[●] 현재 스크립트 실행(F5) 아이콘을 클릭하여 코드를 실행합니다.

자동차의 전원을 ON으로 한 다음 블루투스 앱을 이용하여 자동차를 조종합니다.

설정해 둔 버튼을 클릭하여 명령을 전송하여 자동차를 조종할 수 있습니다.

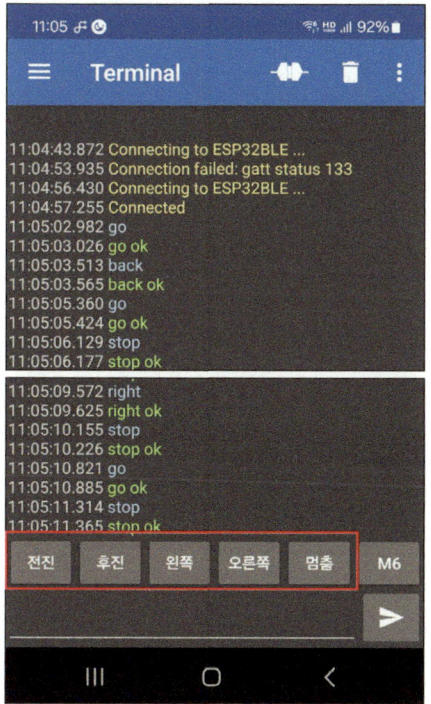

Tip. main.py로 저장해서 코드 자동 실행하기

[stop] 아이콘을 클릭하여 코드는 멈춘 상태로 진행합니다.

자동 실행하고자 하는 코드를 열고 [파일] -> [...(으)로 저장]을 클릭합니다.

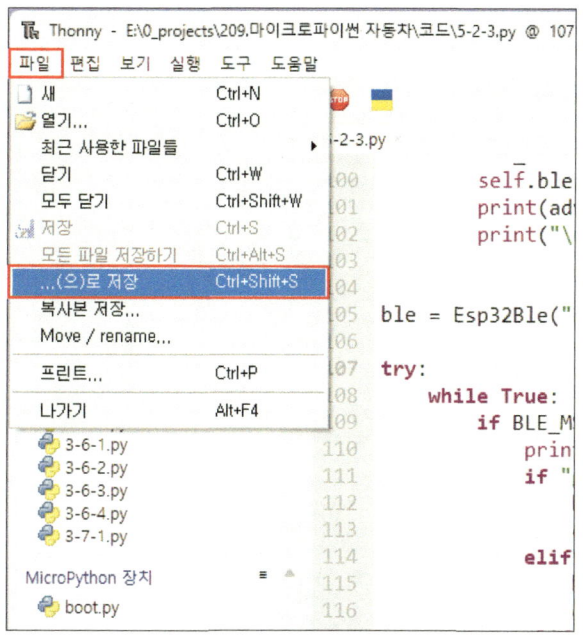

[MicrtoPython 장치]를 클릭합니다.

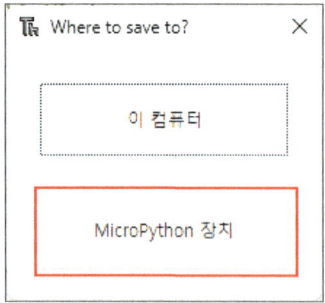

main.py 로 이름을 입력 후[확인]를 눌러 main.py의 이름으로 MicroPython 장치에 저장합니다.

MicroPython 장치에 main.py로 저장되었습니다.

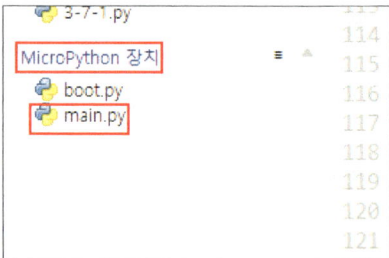

USB를 분리 후 전원을 켜면 main.py 로 저장된 파일이 자동으로 실행됩니다.

USB를 연결 후 MicroPython장치에서 main.py 파일을 삭제하면 더는 자동 실행되지 않습니다.

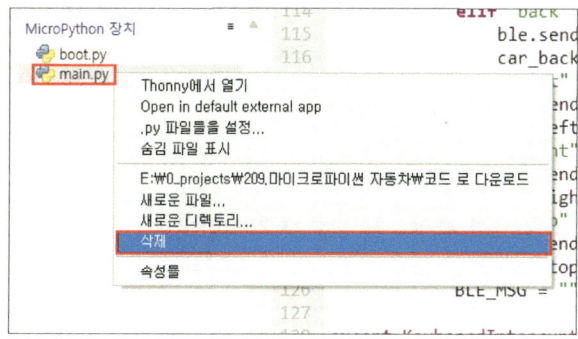

5-3

WIFI 통신

ESP32의 Wi-Fi 통신 기능을 활용하면 주변 Wi-Fi 네트워크를 스캔하여 신호 강도와 정보를 확인할 수 있습니다. 원하는 네트워크에 연결해 데이터를 송수신하거나, 고정 IP를 설정해 안정적인 통신 환경을 구성할 수 있습니다. 또한 AP(Access Point) 모드로 전환해 별도의 네트워크 없이 디바이스 간 직접 통신이 가능하도록 설정할 수도 있습니다.

5-3-1. WIFI 스캔을 통해 주변 WIFI 찾기

주변 WiFi 네트워크를 검색하고, 각 네트워크의 세부 정보를 출력하는 코드를 작성합니다.

5-3-1.py

```python
import network

print("Scanning for WiFi networks, please wait...")
print("")

sta_if = network.WLAN(network.STA_IF)
sta_if.active(True)

authmodes = ['Open', 'WEP', 'WPA-PSK', 'WPA2-PSK4', 'WPA/WPA2-PSK']
for (ssid, bssid, channel, RSSI, authmode, hidden) in sta_if.scan():
  print("* {:s}".format(ssid))
  print("   - Auth: {} {}".format(authmodes[authmode], '(hidden)' if hidden else ''))
  print("   - Channel: {}".format(channel))
  print("   - RSSI: {}".format(RSSI))
  print("   - BSSID: {:02x}:{:02x}:{:02x}:{:02x}:{:02x}:{:02x}".format(*bssid))
  print()
```

코드 설명

01: network 모듈을 불러옵니다. WiFi 인터페이스를 제어하기 위해 사용됩니다.

03: "Scanning for WiFi networks, please wait..." 메시지를 출력하여 WiFi 검색 시작을 알립니다.

04: 빈 줄을 출력하여 화면을 깔끔하게 정리합니다.

06: sta_if 객체를 생성하여 STA(Station) 모드의 WiFi 인터페이스를 가져옵니다.

07: sta_if.active(True) 를 호출하여 WiFi 인터페이스를 활성화합니다.

09: authmodes 리스트를 정의하여 WiFi 보안 모드를 설명하는 문자열 배열을 만듭니다.

10: sta_if.scan() 을 호출하여 주변 WiFi 네트워크를 검색합니다. 검색된 각 네트워크 정보를 반복적으로 처리합니다.

ssid: 네트워크 이름.

bssid: 네트워크의 MAC 주소.

channel: WiFi 채널.

RSSI: 신호 세기.

authmode: 보안 모드의 인덱스 값.

hidden: 네트워크가 숨김 상태인지 여부.

11: 네트워크 이름(SSID)을 출력합니다.

12: 네트워크의 보안 모드와 숨김 상태를 출력합니다.   authmodes[authmode]   를 사용하여 보안 모드 이름을 가져옵니다.

13: WiFi 채널을 출력합니다.

14: 신호 세기(RSSI)를 출력합니다.

15: 네트워크의 BSSID(MAC 주소)를 출력합니다. 각 바이트를 16진수로 포맷합니다.

16: 빈 줄을 출력하여 각 네트워크 정보를 구분합니다.

[▶] **현재 스크립트 실행(F5) 아이콘을 클릭하여 코드를 실행합니다.**

주변 WIFI를 스캔하고 그 결과를 출력하였습니다.

```
* WJTB
    - Auth: WPA2-PSK4
    - Channel: 2
    - RSSI: -90
    - BSSID: 58:86:94:0a:09:74
* KT_GiGA_3E56
    - Auth: WPA/WPA2-PSK
    - Channel: 2
    - RSSI: -92
    - BSSID: 0c:96:cd:b3:3e:5a
* Samsung StickVacuum_E50AJTVS181M
    - Auth: WPA2-PSK4
    - Channel: 1
    - RSSI: -93
    - BSSID: 50:fd:d5:3c:12:86
```

5-3-2. WIFI 연결하기

지정된 WiFi 네트워크에 연결하는 프로그램을 작성합니다. 네트워크에 연결되었는지 확인한 뒤, 필요한 경우 자동으로 연결을 시도합니다.

5-3-2.py

```python
01  import network
02  import time
03
04  ssid ="daduino"
05  password ="daduino12345"
06
07  def wifi_connect():
08      wlan = network.WLAN(network.STA_IF)
09      wlan.active(True)
10
11      if not wlan.isconnected():
12          print("Connecting to network...")
13          wlan.connect(ssid, password)
14
15          while not wlan.isconnected():
16              time.sleep_ms(300)
17
18          print("Connected to network:", wlan.ifconfig())
19          return True
20      else:
21          print("Already connected to network:", wlan.ifconfig())
22          return True
23
24  if wifi_connect():
25      pass
```

코드 설명

01: network 모듈을 불러옵니다. WiFi 연결을 제어하기 위해 사용됩니다.

02: time 모듈을 불러옵니다. 시간 지연 처리를 위해 사용됩니다.

04: ssid 변수에 연결할 WiFi 네트워크 이름을 저장합니다.

05: password 변수에 WiFi 네트워크 비밀번호를 저장합니다.

07~22: wifi_connect() 함수는 WiFi 네트워크에 연결하고 상태를 반환합니다.

08: STA(Station) 모드의 WiFi 인터페이스 객체를 생성합니다.

09: WiFi 인터페이스를 활성화합니다.

11~19: 네트워크에 연결되지 않은 경우 연결을 시도합니다.

12: 연결 시도를 알리는 메시지를 출력합니다.

13: ssid와 password를 사용하여 네트워크에 연결을 시도합니다.

15~16: 네트워크가 연결될 때까지 300ms 간격으로 상태를 확인하며 대기합니다.

18: 연결 성공 시 네트워크 정보를 출력하고 True를 반환합니다.

20~22: 이미 네트워크에 연결된 경우 네트워크 정보를 출력하고 True를 반환합니다.

24~25: wifi_connect() 함수가 True를 반환하면, 이후 작업을 위한 추가 코드를 작성할 수 있습니다. 현재는 pass로 아무 작업도 하지 않습니다.

[▶] **현재 스크립트 실행(F5) 아이콘을 클릭하여 코드를 실행합니다.**

설정한 WIFI에 연결하였습니다. 연결되면 IP주소가 출력됩니다.

*ESP32 는 2.4GHz의 WIFI 망에만 연결할 수 있습니다.

```
>>> %Run -c $EDITOR_CONTENT

 MPY: soft reboot
 Connecting to network...
 Connected to network: ('192.168.0.165', '255.255.255.0', '192.168.0.1', '192.168.0.1')
>>>
```

5-3-3. 고정 IP 설정하기

WiFi 네트워크에 연결하면서 고정 IP주소를 설정하는 프로그램을 작성해 봅니다.

5-3-3.py

```python
import network
import time

ssid ="daduino"
password ="daduino12345"
static_ip ="192.168.0.150"
subnet_mask ="255.255.255.0"
gateway ="192.168.0.1"
dns_server ="8.8.8.8"

def wifi_connect():
    wlan = network.WLAN(network.STA_IF)
    wlan.active(True)

    if not wlan.isconnected():
        print("Connecting to network...")
        wlan.active(True)
        wlan.config(dhcp_hostname="my-esp32")
        wlan.ifconfig((static_ip, subnet_mask, gateway, dns_server))
        wlan.connect(ssid, password)

        while not wlan.isconnected():
            time.sleep_ms(300)

        print("Connected to network:", wlan.ifconfig())
        return True
    else:
        print("Already connected to network:", wlan.ifconfig())
        return True

if wifi_connect():
    pass
```

코드 설명

06: static_ip 변수에 고정 IP 주소를 저장합니다.

07: subnet_mask 변수에 서브넷 마스크를 저장합니다.

08: gateway 변수에 네트워크 게이트웨이 주소를 저장합니다.

09: dns_server 변수에 DNS 서버 주소를 저장합니다.

11~29: wifi_connect() 함수는 WiFi 네트워크에 연결하고, 고정 IP 주소를 설정하며, 연결 상태를 반환합니다.

[▶] 현재 스크립트 실행(F5) 아이콘을 클릭하여 코드를 실행합니다.

이전 WIFI가 연결된 상태라면 ESP32의 리셋 버튼을 눌러 리셋한 다음 진행합니다. 보드가 리셋되어야 WIFI를 다시 연결할 수 있습니다.

리셋 후 코드를 실행하면 코드에서 설정한 IP로 고정 IP로 설정되었습니다.

```
>>> %Run -c $EDITOR_CONTENT

  MPY: soft reboot
  Connecting to network...
  Connected to network: ('192.168.0.150', '255.255.255.0', '192.168.0.1', '8.8.8.8')
>>>
```

5-3-4. WIFI AP 모드로 사용하기

ESP32가 WIFI에 접속하는게 아닌 ESP32가 AP가 되어 다른 장치들이 ESP32에 접속할 수 있습니다. AP 모드로 사용하는 방법에 대해서 알아봅니다.

5-3-4.py

```
01  import network
02  import time
03
04  ap_ssid ="MyESP32AP"
05  ap_password ="123456789"
06
07  def wifi_ap_mode():
08      ap = network.WLAN(network.AP_IF)
09      ap.active(True)
10      ap.config(essid=ap_ssid, password=ap_password)
11
12  wifi_ap_mode()
```

코드 설명

04: ap_ssid 변수에 생성할 액세스 포인트의 SSID(네트워크 이름)를 저장합니다.

05: ap_password 변수에 액세스 포인트의 비밀번호를 저장합니다.

07~12: wifi_ap_mode() 함수는 ESP32를 액세스 포인트(AP) 모드로 설정합니다.

08: network.AP_IF를 사용하여 AP 모드의 WiFi 인터페이스 객체를 생성합니다.

09: ap.active(True)를 호출하여 AP 모드를 활성화합니다.

10: ap.config()를 호출하여 AP의 SSID와 비밀번호를 설정합니다.

12: wifi_ap_mode() 함수를 호출하여 AP를 설정하고 활성화합니다.

[▶] **현재 스크립트 실행(F5) 아이콘을 클릭하여 코드를 실행합니다.**

ESP32가 AP로 동작하여 스마트폰을 이용하여 주변 WIFI를 스캔시 사용할 수 있는 네트워크로 표시됩니다.

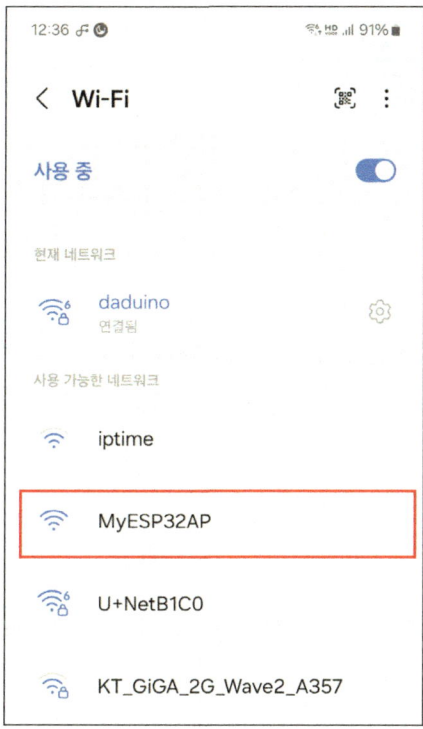

5-4

웹서버 만들기

ESP32를 이용해 간단한 웹서버를 구축하면 HTML 페이지에서 버튼을 생성해 사용자가 쉽게 제어할 수 있습니다. 웹서버의 버튼을 눌러 ESP32에 연결된 LED를 켜거나 끄는 등의 동작을 구현하며, 이를 통해 IoT 디바이스를 원격으로 제어하는 기본 개념을 익힐 수 있습니다.

5-4-1. 웹서버 버튼 만들기

WiFi 네트워크에 연결하고 간단한 웹서버를 실행하여 HTML 페이지에서 버튼 클릭 이벤트를 처리하는 코드를 작성해 봅니다.

5-4-1.py

```python
import time
import network
import socket

ssid ="daduino"
password ="daduino12345"

def wifi_disconnect():
    wlan = network.WLAN(network.STA_IF)
    if wlan.isconnected():
        print("Disconnecting from network...")
        wlan.disconnect()
        while wlan.isconnected():
            time.sleep_ms(300)
        print("Disconnected from network")

def wifi_connect():
    wlan = network.WLAN(network.STA_IF)
    wlan.active(True)

    if not wlan.isconnected():
        print("Connecting to network...")
```

```
023                wlan.connect(ssid, password)
024
025            while not wlan.isconnected():
026                time.sleep_ms(300)
027
028            print("Connected to network:", wlan.ifconfig())
029            return True
030        else:
031            print("Already connected to network:", wlan.ifconfig())
032            return True
033
034
035    def web_page():
036        html ="""
037    <html>
038        <head>
039            <title>ESP32 Button Click</title>
040            <meta name="viewport" content="width=device-width, initial-scale=1">
041            <link rel="icon" href="data:,">
042            <style>
043                html {
044                    font-family: Helvetica;
045                    display: inline-block;
046                    margin: 0px auto;
047                    text-align: center;
048                }
049                h1 {
050                    color: #0F3376;
051                    padding: 2vh;
052                }
053                p {
054                    font-size: 1.5rem;
055                }
056                .button {
057                    display: inline-block;
058                    background-color: #e7bd3b;
059                    border: none;
060                    border-radius: 4px;
061                    color: white;
062                    padding: 16px 40px;
063                    text-decoration: none;
064                    font-size: 30px;
065                    margin: 2px;
066                    cursor: pointer;
067                }
068            </style>
069        </head>
070        <body>
071            <h1>ESP32 Button Click</h1>
072            <p><button class="button" id="clickButton">Click</button></p>
073            <script>
074                document.getElementById("clickButton").onclick = function() {
075                    fetch("/?button=click");
076                };
077            </script>
078        </body>
079    </html>
080    """
081        return html
```

```
082
083
084    if __name__ =="__main__":
085        wifi_disconnect()
086        if wifi_connect():
087            my_socket = socket.socket(socket.AF_INET, socket.SOCK_STREAM)  # 소켓 연결 생성
088            my_socket.bind(('', 80))  # 소켓 주소와 포트 바인딩
089            my_socket.listen(5)  # 연결 대기
090
091            while True:
092                client, addr = my_socket.accept()  # 클라이언트 연결 대기
093                print('Got a connection from %s' % str(addr))
094                request = client.recv(1024)  # 요청 수신
095                request =str(request)
096                print('Content = %s' % request)
097                button_click = request.find('/?button=click')
098                if button_click ==6:
099                    print('Button Clicked')
100
101                response = web_page()
102
103                client.send('HTTP/1.1 200 OK\n')
104                client.send('Content-Type: text/html\n')
105                client.send('Connection: close\n\n')
106                client.sendall(response)
107                client.close()
```

코드 설명

005~006: 연결할 WiFi 네트워크의 SSID와 비밀번호를 저장합니다.

008~015: wifi_disconnect() 함수는 WiFi 연결이 활성화된 경우 연결을 해제합니다.

017~032: wifi_connect() 함수는 WiFi 네트워크에 연결하고 상태를 반환합니다.

035~081: web_page() 함수는 클라이언트에 제공할 HTML 페이지를 반환합니다.

HTML 페이지에는 버튼이 포함되어 있으며, 버튼 클릭 시 / 경로로 버튼 클릭 이벤트를 전송하는 JavaScript 코드가 포함되어 있습니다.

085: 이전 WiFi 연결을 해제합니다.

086: wifi_connect()를 호출하여 네트워크에 연결합니다.

087: TCP 소켓을 생성하고 socket.AF_INET(IPv4)과 socket.SOCK_STREAM(TCP)으로 설정합니다.

088~089: 소켓을 포트 80에 바인딩하고 연결 대기를 시작합니다.

091~107: 클라이언트 요청을 처리합니다.

092: 클라이언트의 연결을 수락합니다.

094~095: 요청 데이터를 수신하고 문자열로 변환합니다.

097~099: 요청에 /?button=click 경로가 포함되어 있으면 버튼 클릭을 감지합니다.

101~102: HTML 페이지를 web_page() 함수를 호출하여 가져옵니다.

103~106: HTTP 응답 헤더와 HTML 내용을 클라이언트로 전송합니다.

107: 연결을 닫습니다.

[▶] 현재 스크립트 실행(F5) 아이콘을 클릭하여 코드를 실행합니다.

WIFI 연결 후 접속된 IP를 확인합니다.

```
>>> %Run -c $EDITOR_CONTENT

 MPY: soft reboot
 Connecting to network...
 Connected to network: ('192.168.0.165', '255.255.255.0', '192.168.0.1', '192.168.0.1')
```

웹브라우저에서 IP를 입력 후 ESP32 웹 서버에 접속하였습니다. [Click] 버튼을 눌러 신호를 ESP32로 전송해 봅니다.

*웹에서 접속할 때는 동일한 네트워크 환경이어야 합니다. 동일한 공유기에 접속한 상태로 진행합니다.

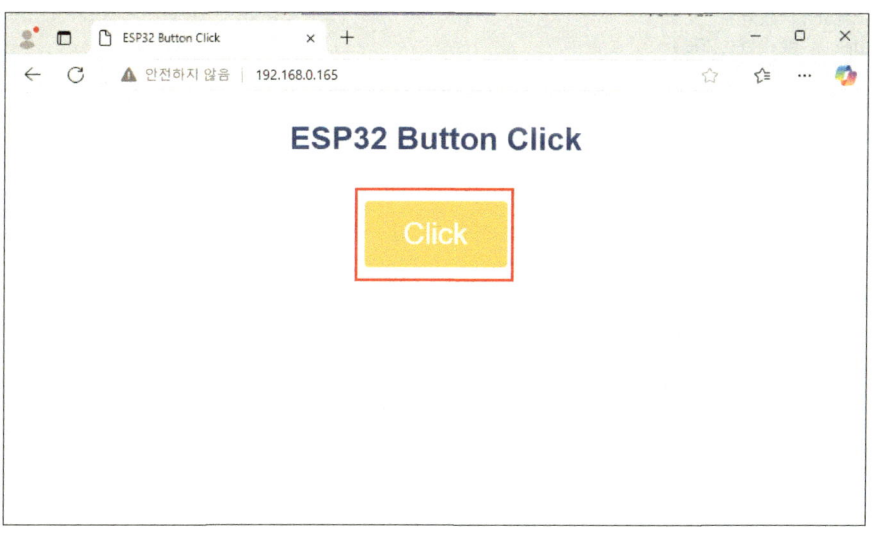

쉘 영역에서 Button Clicked 메시지가 출력되었습니다.

```
>>> %Run -c $EDITOR_CONTENT

 MPY: soft reboot
 Connecting to network...
 Connected to network: ('192.168.0.165', '255.255.255.0', '192.168.0.1', '192.168.0.1')
 Got a connection from ('192.168.0.136', 12780)
 Content = b'GET / HTTP/1.1\r\nHost: 192.168.0.165\r\nConnection: keep-alive\r\nUpgrade-Insecure-Requests: 1\
 r\nUser-Agent: Mozilla/5.0 (Windows NT 10.0; Win64; x64) AppleWebKit/537.36 (KHTML, like Gecko) Chrome/131.0
 .0.0 Safari/537.36 Edg/131.0.0.0\r\nAccept: text/html,application/xhtml+xml,application/xml;q=0.9,image/avif
 ,image/webp,image/apng,*/*;q=0.8,application/signed-exchange;v=b3;q=0.7\r\nAccept-Encoding: gzip, deflate\r\
 nAccept-Language: ko,en;q=0.9,en-US;q=0.8\r\n\r\n'
 Got a connection from ('192.168.0.136', 12779)
 Content = b'GET /?button=click HTTP/1.1\r\nHost: 192.168.0.165\r\nConnection: keep-alive\r\nUser-Agent: Mozi
 lla/5.0 (Windows NT 10.0; Win64; x64) AppleWebKit/537.36 (KHTML, like Gecko) Chrome/131.0.0.0 Safari/537.36
 Edg/131.0.0.0\r\nAccept: */*\r\nReferer: http://192.168.0.165/\r\nAccept-Encoding: gzip, deflate\r\nAccept-L
 anguage: ko,en;q=0.9,en-US;q=0.8\r\n\r\n'
 Button Clicked
```

5-4-2. 버튼으로 LED 제어하기

웹서버를 통해 LED를 제어하는 기능을 구현하는 코드를 작성합니다. 웹 페이지에서 버튼 클릭으로 LED를 켜거나 끌 수 있습니다.

5-4-2.py

```python
from machine import Pin
import time
import network
import socket

ssid ="daduino"
password ="daduino12345"

led1=Pin(15,Pin.OUT,Pin.PULL_DOWN)

def wifi_disconnect():
    wlan = network.WLAN(network.STA_IF)
    if wlan.isconnected():
        print("Disconnecting from network...")
        wlan.disconnect()
        while wlan.isconnected():
            time.sleep_ms(300)
        print("Disconnected from network")

def wifi_connect():
    wlan = network.WLAN(network.STA_IF)
    wlan.active(True)

    if not wlan.isconnected():
        print("Connecting to network...")
        wlan.connect(ssid, password)

        while not wlan.isconnected():
            time.sleep_ms(300)

        print("Connected to network:", wlan.ifconfig())
        return True
    else:
        print("Already connected to network:", wlan.ifconfig())
        return True


def web_page():
    if led1.value() ==0:
        gpio_state ="OFF"
    else:
        gpio_state ="ON"

    html ="""
<html>
    <head>
        <title>ESP32 LED control</title>
        <meta name="viewport" content="width=device-width, initial-scale=1">
```

```
049                <link rel="icon" href="data:,">
050                <style>
051                    html {
052                        font-family: Helvetica;
053                        display: inline-block;
054                        margin: 0px auto;
055                        text-align: center;
056                    }
057                    h1 {
058                        color: #0F3376;
059                        padding: 2vh;
060                    }
061                    p {
062                        font-size: 1.5rem;
063                    }
064                    .button {
065                        display: inline-block;
066                        background-color: #e7bd3b;
067                        border: none;
068                        border-radius: 4px;
069                        color: white;
070                        padding: 16px 40px;
071                        text-decoration: none;
072                        font-size: 30px;
073                        margin: 2px;
074                        cursor: pointer;
075                    }
076                    .button2 {
077                        background-color: #4286f4;
078                    }
079                </style>
080            </head>
081            <body>
082                <h1>ESP32 LED control</h1>
083                <p>GPIO state: <strong>"""+ gpio_state +"""</strong></p>
084                <p><a href="/?led=on"><button class="button">ON</button></a></p>
085                <p><a href="/?led=off"><button class="button button2">OFF</button></a></p>
086            </body>
087    </html>
088    """
089        return html
090
091
092    if __name__=="__main__":
093        wifi_disconnect()
094        if wifi_connect():
095            my_socket=socket.socket(socket.AF_INET, socket.SOCK_STREAM)
096            my_socket.bind(('', 80))
097            my_socket.listen(5)
098
099            while True:
100                client, addr = my_socket.accept()
101                print('connection from %s' % str(addr))
102                request = client.recv(1024)
103                request =str(request)
104                print('Content = %s' % request)
105                led_on = request.find('/?led=on')
106                led_off = request.find('/?led=off')
107                if led_on ==6:
```

```
108                    print('LED ON')
109                    led1.value(1)
110             if led_off ==6:
111                    print('LED OFF')
112                    led1.value(0)
113             response = web_page()
114             client.send('HTTP/1.1 200 OK\n')
115             client.send('Content-Type: text/html\n')
116             client.send('Connection: close\n\n')
117             client.sendall(response)
118             client.close()
```

코드 설명

107~109: /?led=on 경로가 요청에 포함되어 있으면, led1.value(1)을 호출하여 LED를 켭니다. "LED ON" 메시지를 출력합니다.

110~112: /?led=off 경로가 요청에 포함되어 있으면, led1.value(0)을 호출하여 LED를 끕니다. "LED OFF" 메시지를 출력합니다.

[▶] **현재 스크립트 실행(F5) 아이콘을 클릭하여 코드를 실행합니다.**

WIFI 연결 후에 연결된 IP를 확인합니다.

```
>>> %Run -c $EDITOR_CONTENT

  MPY: soft reboot
  Disconnecting from network...
  Disconnected from network
  Connecting to network...
  Connected to network: ('192.168.0.165', '2
```

웹브라우저에서 연결된 IP를 입력 후 ESP32웹에 접속합니다.

ON, OFF 버튼을 눌러 동작을 확인합니다.

ON 버튼을 눌렀을 때 LED가 켜졌습니다.

OFF 버튼을 눌렀을 때 LED가 꺼졌습니다.

5-5

웹서버로 제어하는 자동차

ESP32 웹서버를 이용한 자동차는 Wi-Fi를 통해 웹 페이지에서 버튼을 눌러 자동차를 제어하는 방식으로 동작합니다. 사용자는 스마트폰이나 PC에서 제공된 웹 인터페이스를 통해 버튼을 눌러 자동차의 이동 방향을 제어할 수 있습니다. 웹서버 기반 제어는 원격에서도 안정적으로 작동합니다.

5-5-1. 웹서버 자동차 버튼 기능 구현하기

WiFi 네트워크에 연결한 뒤 웹서버를 통해 자동차 제어 기능을 할 버튼을 만들어 봅니다.

5-5-1.py

```python
from machine import Pin,PWM
import time
import network
import socket

ssid ="daduino"
password ="daduino12345"

def wifi_disconnect():
    wlan = network.WLAN(network.STA_IF)
    if wlan.isconnected():
        print("Disconnecting from network...")
        wlan.disconnect()
        while wlan.isconnected():
            time.sleep_ms(300)
        print("Disconnected from network")

def wifi_connect():
    wlan = network.WLAN(network.STA_IF)
    wlan.active(True)

    if not wlan.isconnected():
```

```
023                print("Connecting to network...")
024                wlan.connect(ssid, password)
025
026                while not wlan.isconnected():
027                    time.sleep_ms(300)
028
029                print("Connected to network:", wlan.ifconfig())
030                return True
031            else:
032                print("Already connected to network:", wlan.ifconfig())
033                return True
034
035        def web_page():
036            html ="""
037        <html>
038            <head>
039                <title>ESP32 Car Control</title>
040                <meta name="viewport" content="width=device-width, initial-scale=1">
041                <link rel="icon" href="data:,">
042                <style>
043                    html {
044                        font-family: Helvetica;
045                        display: inline-block;
046                        margin: 0px auto;
047                        text-align: center;
048                    }
049                    h1 {
050                        color: #0F3376;
051                        padding: 2vh;
052                    }
053                    p {
054                        font-size: 1.5rem;
055                    }
056                    .button {
057                        display: inline-block;
058                        background-color: #e7bd3b;
059                        border: none;
060                        border-radius: 4px;
061                        color: white;
062                        padding: 16px 40px;
063                        text-decoration: none;
064                        font-size: 30px;
065                        margin: 2px;
066                        cursor: pointer;
067                    }
068                    .control-panel {
069                        display: flex;
070                        flex-direction: column;
071                        align-items: center;
072                    }
073                    .row {
074                        display: flex;
075                        justify-content: center;
076                        margin: 10px;
077                    }
078                </style>
079            </head>
080            <body>
081                <h1>ESP32 Car Control</h1>
```

```
082              <div class="control-panel">
083                  <div class="row">
084                      <button class="button" onclick="fetch('/?move=forward')">&#9650;</button> <!-- Up Arrow -->
085                  </div>
086                  <div class="row">
087                      <button class="button" onclick="fetch('/?move=left')">&#9664;</button> <!-- Left Arrow -->
088                      <button class="button" onclick="fetch('/?move=stop')">&#9632</button> <!-- Stop -->
089                      <button class="button" onclick="fetch('/?move=right')">&#9654;</button> <!-- Right Arrow -->
090                  </div>
091                  <div class="row">
092                      <button class="button" onclick="fetch('/?move=backward')">&#9660;</button> <!-- Down Arrow -->
093                  </div>
094              </div>
095              <script>
096                  document.querySelectorAll('.button').forEach(button => {
097                      button.addEventListener('click', function() {
098                          fetch(button.getAttribute('onclick').slice(7, -2));
099                      });
100                  });
101              </script>
102          </body>
103      </html>
104      """
105      return html
106
107  if __name__ =="__main__":
108      wifi_disconnect()
109      if wifi_connect():
110          my_socket = socket.socket(socket.AF_INET, socket.SOCK_STREAM)
111          my_socket.bind(('', 80))
112          my_socket.listen(5)
113
114          while True:
115              client, addr = my_socket.accept()
116              print('Connection from %s' % str(addr))
117              request = client.recv(1024)
118              request =str(request)
119              print('Content = %s' % request)
120
121              forward = request.find('/?move=forward')
122              backward = request.find('/?move=backward')
123              left = request.find('/?move=left')
124              right = request.find('/?move=right')
125              stop = request.find('/?move=stop')
126
127              if forward ==6:
128                  print('Moving Forward')
129              elif backward ==6:
130                  print('Moving Backward')
131              elif left ==6:
132                  print('Turning Left')
133              elif right ==6:
134                  print('Turning Right')
135              elif stop ==6:
```

```
136                    print('Stopping')
137
138            response = web_page()
139            client.send('HTTP/1.1 200 OK\n')
140            client.send('Content-Type: text/html\n')
141            client.send('Connection: close\n\n')
142            client.sendall(response.encode())
143            client.close()
```

코드 설명

127~136: 요청 경로에 따라 다음과 같은 동작을 수행합니다:

/move=forward: "Moving Forward" 메시지를 출력합니다.

/move=backward: "Moving Backward" 메시지를 출력합니다.

/move=left: "Turning Left" 메시지를 출력합니다.

/move=right: "Turning Right" 메시지를 출력합니다.

/move=stop: "Stopping" 메시지를 출력합니다.

[▶] 현재 스크립트 실행(F5) 아이콘을 클릭하여 코드를 실행합니다.

WIFI 연결 후에 연결된 IP를 확인합니다.

```
쉘
>>> %Run -c $EDITOR_CONTENT

  MPY: soft reboot
  Disconnecting from network...
  Disconnected from network
  Connecting to network...
  Connected to network: ('192.168.0.165', '2
```

웹브라우저에서 연결된 IP를 입력 후 ESP32웹에 접속합니다.

버튼을 눌러 동작을 확인합니다.

버튼에 따라서 전진, 후진, 왼쪽, 오른쪽, 멈춤의 결과가 출력되었습니다.

```
셸
Turning Left
Connection from ('192.168.0.136', 13461)
Content = b'GET /?move=left HTTP/1.1\r\nHost:
/5.0 (Windows NT 10.0; Win64; x64) AppleWebKit
/131.0.0.0\r\nAccept: */*\r\nReferer: http://1
uage: ko,en;q=0.9,en-US;q=0.8\r\n\r\n'
Turning Left
Connection from ('192.168.0.136', 13462)
Content = b'GET /?move=stop HTTP/1.1\r\nHost:
/5.0 (Windows NT 10.0; Win64; x64) AppleWebKit
/131.0.0.0\r\nAccept: */*\r\nReferer: http://1
uage: ko,en;q=0.9,en-US;q=0.8\r\n\r\n'
Stopping
Connection from ('192.168.0.136', 13463)
Content = b'GET /?move=stop HTTP/1.1\r\nHost:
/5.0 (Windows NT 10.0; Win64; x64) AppleWebKit
/131.0.0.0\r\nAccept: */*\r\nReferer: http://1
uage: ko,en;q=0.9,en-US;q=0.8\r\n\r\n'
Stopping
```

5-5-2. 버튼을 눌러 자동차 조종하기

자동차의 움직이는 기능을 추가하여 웹서버로 조종하는 자동차를 완성해 보도록 합니다.

5-5-2.py

```python
from machine import Pin, PWM
import time
import network
import socket

ssid ="daduino"
password ="daduino12345"

MOTOR_L_F_R = Pin(32,Pin.OUT)
MOTOR_L_SPEED = PWM(Pin(33),freq=1000,duty=0)

MOTOR_R_F_R = Pin(23,Pin.OUT)
MOTOR_R_SPEED = PWM(Pin(22),freq=1000,duty=0)

def car_go(speed):
    MOTOR_L_F_R.value(0)
    MOTOR_L_SPEED.duty(speed)
    MOTOR_R_F_R.value(1)
    MOTOR_R_SPEED.duty(speed)

def car_back(speed):
    MOTOR_L_F_R.value(1)
    MOTOR_L_SPEED.duty(speed)
    MOTOR_R_F_R.value(0)
    MOTOR_R_SPEED.duty(speed)

def car_left_turn(speed):
    MOTOR_L_F_R.value(1)
    MOTOR_L_SPEED.duty(speed)
    MOTOR_R_F_R.value(1)
    MOTOR_R_SPEED.duty(speed)

def car_right_turn(speed):
    MOTOR_L_F_R.value(0)
    MOTOR_L_SPEED.duty(speed)
    MOTOR_R_F_R.value(0)
    MOTOR_R_SPEED.duty(speed)

def car_stop():
    MOTOR_L_F_R.value(0)
    MOTOR_L_SPEED.duty(0)
    MOTOR_R_F_R.value(0)
    MOTOR_R_SPEED.duty(0)

def wifi_disconnect():
    wlan = network.WLAN(network.STA_IF)
    if wlan.isconnected():
        print("Disconnecting from network...")
        wlan.disconnect()
        while wlan.isconnected():
```

```
051                time.sleep_ms(300)
052            print("Disconnected from network")
053
054    def wifi_connect():
055        wlan = network.WLAN(network.STA_IF)
056        wlan.active(True)
057
058        if not wlan.isconnected():
059            print("Connecting to network...")
060            wlan.connect(ssid, password)
061
062            while not wlan.isconnected():
063                time.sleep_ms(300)
064
065            print("Connected to network:", wlan.ifconfig())
066            return True
067        else:
068            print("Already connected to network:", wlan.ifconfig())
069            return True
070
071    def web_page():
072        html ="""
073    <html>
074        <head>
075            <title>ESP32 Car Control</title>
076            <meta name="viewport" content="width=device-width, initial-scale=1">
077            <link rel="icon" href="data:,">
078            <style>
079                html {
080                    font-family: Helvetica;
081                    display: inline-block;
082                    margin: 0px auto;
083                    text-align: center;
084                }
085                h1 {
086                    color: #0F3376;
087                    padding: 2vh;
088                }
089                p {
090                    font-size: 1.5rem;
091                }
092                .button {
093                    display: inline-block;
094                    background-color: #e7bd3b;
095                    border: none;
096                    border-radius: 4px;
097                    color: white;
098                    padding: 16px 40px;
099                    text-decoration: none;
100                    font-size: 30px;
101                    margin: 2px;
102                    cursor: pointer;
103                }
104                .control-panel {
105                    display: flex;
106                    flex-direction: column;
107                    align-items: center;
108                }
109                .row {
```

```
110                    display: flex;
111                    justify-content: center;
112                    margin: 10px;
113                }
114            </style>
115        </head>
116        <body>
117            <h1>ESP32 Car Control</h1>
118            <div class="control-panel">
119                <div class="row">
120                    <button class="button" onclick="fetch('/?move=forward')">&#9650;</button> <!-- Up Arrow -->
121                </div>
122                <div class="row">
123                    <button class="button" onclick="fetch('/?move=left')">&#9664;</button> <!-- Left Arrow -->
124                    <button class="button" onclick="fetch('/?move=stop')">&#9632</button> <!-- Stop -->
125                    <button class="button" onclick="fetch('/?move=right')">&#9654;</button> <!-- Right Arrow -->
126                </div>
127                <div class="row">
128                    <button class="button" onclick="fetch('/?move=backward')">&#9660;</button> <!-- Down Arrow -->
129                </div>
130            </div>
131            <script>
132                document.querySelectorAll('.button').forEach(button => {
133                    button.addEventListener('click', function() {
134                        fetch(button.getAttribute('onclick').slice(7, -2));
135                    });
136                });
137            </script>
138        </body>
139    </html>
140    """
141        return html
142
143    if __name__ =="__main__":
144        wifi_disconnect()
145        if wifi_connect():
146            my_socket = socket.socket(socket.AF_INET, socket.SOCK_STREAM)
147            my_socket.bind(('', 80))
148            my_socket.listen(5)
149
150            while True:
151                client, addr = my_socket.accept()
152                print('Connection from %s' % str(addr))
153                request = client.recv(1024)
154                request =str(request)
155                print('Content = %s' % request)
156
157                forward = request.find('/?move=forward')
158                backward = request.find('/?move=backward')
159                left = request.find('/?move=left')
160                right = request.find('/?move=right')
161                stop = request.find('/?move=stop')
162
163                if forward ==6:
```

```python
164                print('Moving Forward')
165                car_go(512)
166            elif backward ==6:
167                print('Moving Backward')
168                car_back(512)
169            elif left ==6:
170                print('Turning Left')
171                car_left_turn(512)
172            elif right ==6:
173                print('Turning Right')
174                car_right_turn(512)
175            elif stop ==6:
176                print('Stopping')
177                car_stop()
178
179            response = web_page()
180            client.send('HTTP/1.1 200 OK\n')
181            client.send('Content-Type: text/html\n')
182            client.send('Connection: close\n\n')
183            client.sendall(response.encode())
184            client.close()
```

코드 설명

163~165: 요청이 /move=forward인 경우, "Moving Forward"를 출력하고 car_go(512) 를 호출하여 차량을 전진시킵니다.

166~168: 요청이 /move=backward인 경우, "Moving Backward"를 출력하고 car_back(512) 를 호출하여 차량을 후진시킵니다.

169~171: 요청이 /move=left인 경우, "Turning Left"를 출력하고 car_left_turn(512) 를 호출하여 차량을 좌회전시킵니다.

172~174: 요청이 /move=right인 경우, "Turning Right"를 출력하고 car_right_turn(512) 를 호출하여 차량을 우회전시킵니다.

175~177: 요청이 /move=stop인 경우, "Stopping"을 출력하고 car_stop() 을 호출하여 차량을 정지시킵니다.

[▶] **현재 스크립트 실행(F5) 아이콘을 클릭하여 코드를 실행합니다.**

WIFI 연결 후에 연결된 IP를 확인합니다.

```
>>> %Run -c $EDITOR_CONTENT

 MPY: soft reboot
 Disconnecting from network...
 Disconnected from network
 Connecting to network...
 Connected to network: ('192.168.0.165', '2
```

웹브라우저에서 연결된 IP를 입력 후 ESP32웹에 접속합니다.

버튼을 눌러 자동차를 움직입니다.

자동차의 동작을 확인합니다. 자동차가 움직이지 않는다면 전원을 ON 상태로 합니다.

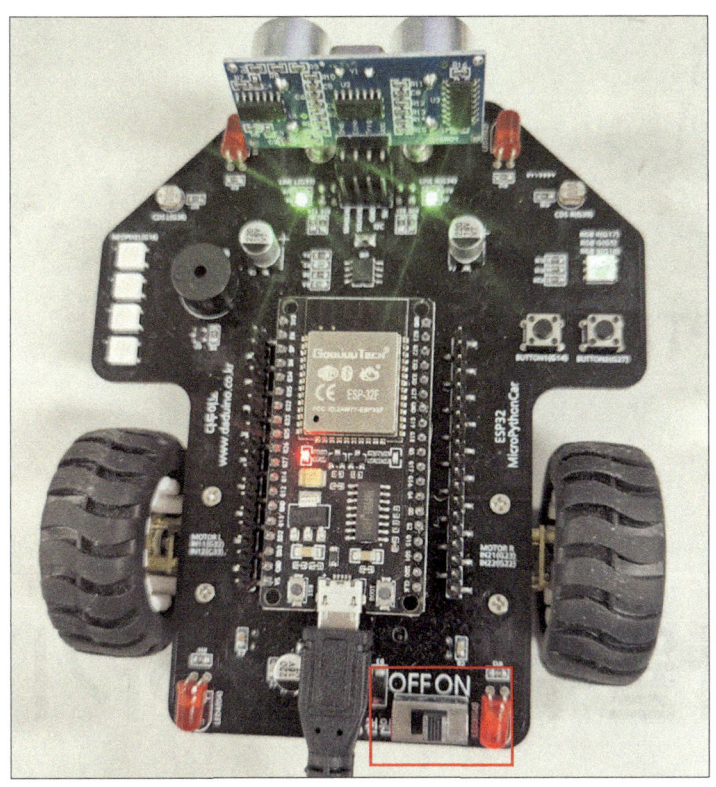

CHAPTER **06**

다양한 자율주행 구현하기

라인트레이서, 빛을 따라가는 자동차, 초음파를 이용한 장애물 회피와 같은 흥미로운 프로젝트를 구현하는 방법을 다룹니다. 각각의 프로젝트는 기초적인 센서 활용부터 동작 제어까지 단계적으로 설명되어 있어, 자율주행 기술을 처음 접하는 쉽게 따라 할 수 있습니다.

6-1
라인트레이서 만들기

라인트레이서는 바닥에 그려진 검은색 선을 따라 움직이는 로봇입니다. 라인센서를 이용해 선의 위치를 감지하고, 모터를 제어하여 로봇이 선을 따라 정확히 이동할 수 있도록 설계합니다. 이 프로젝트를 통해 센서 데이터 처리와 제어 알고리즘의 기초를 익힐 수 있습니다.

라인트레이서 트랙 만들기

제공자료의 [라인트레이서 트랙] 폴더에서 PPT 파일과 PDF 두 종류의 파일을 선택하여 라인트레이서 트랙을 인쇄하여 사용할 수 있습니다.

PPT 파일의 인쇄 시 주의할 사항으로는 [용지에 맞게 크기 조정]의 체크를 해제한 다음 인쇄를 진행합니다. 체크가 되어 있으면 크기가 변경되기 때문에 해제한 다음 인쇄를 합니다. PDF 파일의 경우 바로 인쇄하여 사용합니다.

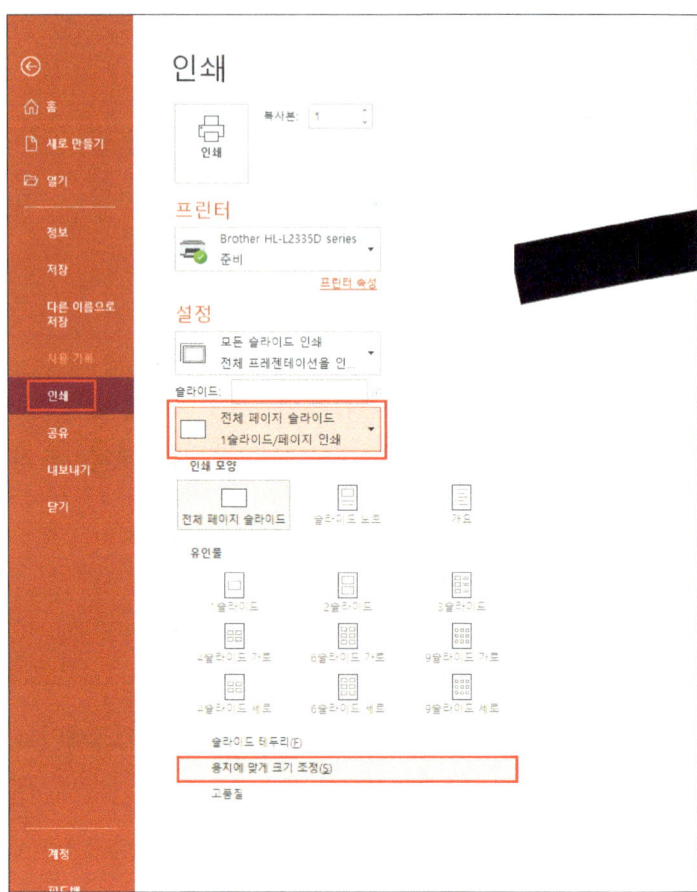

라인트레이서 트랙이 인쇄되었습니다. 프린터기의 특성 때문에 끝까지 인쇄되지 못하고 끝부분은 흰색 공백으로 남아있습니다.

선이 끝까지 갈 수 있도록 끝부분은 잘라서 사용합니다.

다양한 트랙을 다음과 같이 이어 붙여서 라인트레이서 트랙을 완성합니다. 아래는 하나의 예시로 더욱 크고 복잡하게 만들어도 됩니다.

바닥이 흰색 계열이라면 전기 테이프를 이용하여 라인트레이서 트랙이 만들어도 됩니다. 아래와 같은 전기 테이프는 다이소 등에서 저렴하게 구매할 수 있습니다.

6-1-1. 라인센서 값 받기

라인트레이서 트랙에 자동차를 위치한 다음 라인트레이서 센서의 값을 받아 확인하는 코드를 작성해 봅니다.

6-1-1.py

```python
from machine import Pin, PWM
import time

line_left = Pin(35,Pin.IN)
line_right = Pin(34,Pin.IN)

try:
    while True:
        line_left_value = line_left.value()
        line_right_value = line_right.value()
        display_value = f"L:{line_left_value}, R:{line_right_value}"
        print(display_value)
        time.sleep(0.1)

except KeyboardInterrupt:
    pass
```

코드 설명

01: Pin 및 PWM 라이브러리를 불러옵니다.

02: 시간 지연을 위해 time 라이브러리를 불러옵니다.

0405: 라인 센서를 사용하기 위해 핀 35와 핀 34를 입력 핀으로 설정합니다.

0910: line_left와 line_right의 값을 각각 읽어와 변수에 저장합니다.

11: 읽어온 값을 "L:〈line_left_value〉, R:〈line_right_value〉" 형식의 문자열로 저장합니다.

12: 센서 값을 출력합니다.

[▶] 현재 스크립트 실행(F5) 아이콘을 클릭하여 코드를 실행합니다.

라인트레이서 트랙 위에 자동차를 위치시킨 다음 센서의 값을 확인합니다.

라인트레이서 중앙에 자동차를 위치시킵니다. 왼쪽 오른쪽 두 개의 센서 모두 차선을 인식하지 못하여 흰색을 인식하여 불이 들어왔습니다.

두 개의 센서 모두 검출된 것으로 출력되었습니다.

```
셸
L:1, R:1
L:1, R:1
L:1, R:1
L:1, R:1
L:1, R:1
L:1, R:1
L:1, R:1
L:1, R:1
L:1, R:1
```

왼쪽 센서를 검정 차선 쪽으로 위치시켜 봅니다. 센서가 검은색을 만나 센서가 인식되지 않았습니다.

왼쪽 센서의 값이 0으로 출력되었습니다. 검은색을 만나 인식하지 못하였습니다.

```
셸
 L:0, R:1
 L:0, R:1
 L:0, R:1
 L:0, R:1
 L:0, R:1
 L:0, R:1
 L:0, R:1
 L:0, R:1
```

오른쪽 센서를 검은색 차선 쪽으로 위치시켜 봅니다. 센서가 검은색을 만나 센서가 인식되지 않았습니다.

오른쪽 센서의 값이 0으로 출력되었습니다. 검은색을 만나 인식하지 못하였습니다.

```
쉘
 L:1, R:0
 L:1, R:0
 L:1, R:0
 L:1, R:0
 L:1, R:0
 L:1, R:0
 L:1, R:0
 L:1, R:0
```

검은색 차선을 만나면 센서를 인식하지 못하여 0이 출력되었습니다. 적외선 센서는 빛을 이용한 센서로 반사되는 빛을 검출합니다. 흰색은 잘 반사하여 센서를 검출하고 검은색은 빛을 흡수하여 센서가 감지되지 못합니다. 실습에 사용하는 자동차 키트는 센서의 원리 그대로 값을 출력합니다.

시중에 나와 있는 대부분의 라인트레이서 센서는 검은색일 때 1을 출력하고 검출하지 못하면 0을 출력합니다. 하드웨어적으로 반전을 시켜 라인을 검출하기 위함입니다. 우리가 사용하는 센서는 하드웨어적인 반전 없이 적외선 센서의 특징 그대로 출력하기 때문에 잘 유의하여 사용합니다.

6-1-2. 센서값에 따른 조건 설정하기

센서값에 따른 조건을 설정하여 자동차의 이동 방향을 확인하는 코드를 작성해 봅니다.

6-1-2.py

```python
from machine import Pin, PWM
import time

line_left=Pin(35,Pin.IN)
line_right=Pin(34,Pin.IN)

try:
    while True:
        line_left_value = line_left.value()
        line_right_value = line_right.value()
        display_value = f"L:{line_left_value}, R:{line_right_value}"
        print(display_value,end="")
        if(line_left_value ==0) and (line_right_value ==1):
            print(" left")
        elif(line_left_value ==1) and (line_right_value ==0):
            print(" right")
        else:
            print(" go")

        time.sleep(0.1)

except KeyboardInterrupt:
    pass
```

코드 설명

12: 센서 값을 출력합니다. end=""를 사용해 줄바꿈 없이 이어서 출력합니다.

13~18: 라인 센서의 값을 확인하여 다음과 같은 조건에 따라 방향을 출력합니다:

13~14: 왼쪽 센서가 0이고 오른쪽 센서가 1이면 "left"를 출력합니다.

15~16: 왼쪽 센서가 1이고 오른쪽 센서가 0이면 "right"를 출력합니다.

17~18: 그 외의 경우에는 "go"를 출력합니다.

[▶] 현재 스크립트 실행(F5) 아이콘을 클릭하여 코드를 실행합니다.

중앙에 있어서 두 개의 센서가 모두 1일 때는 go를 출력합니다.

```
셸
 L:1, R:1   go
 L:1, R:1   go
 L:1, R:1   go
 L:1, R:1   go
 L:1, R:1   go
 L:1, R:1   go
 L:1, R:1   go
 L:1, R:1   go
```

왼쪽 센서가 검은색에 위치하여 0이 되었을 때는 자동차를 왼쪽으로 움직여 중앙으로 오도록 합니다.

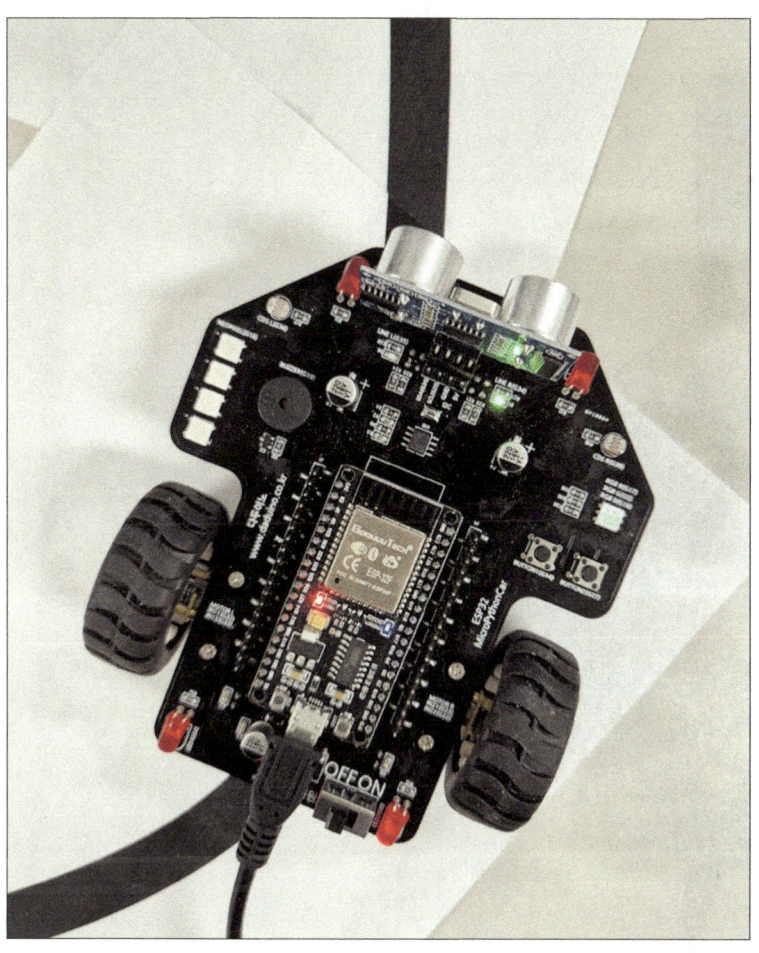

```
쉘
 L:0, R:1  left
 L:0, R:1  left
 L:0, R:1  left
 L:0, R:1  left
 L:0, R:1  left
 L:0, R:1  left
 L:0, R:1  left
 L:0, R:1  left
 L:0, R:1  left
 L:0, R:1  left
```

오른쪽 센서가 검은색에 위치하여 0이 되었을 때는 자동차를 오른쪽으로 움직여 중앙으로 오도록 합니다.

```
셸
 L:1, R:0   right
 L:1, R:0   right
 L:1, R:0   right
 L:1, R:0   right
 L:1, R:0   right
 L:1, R:0   right
 L:1, R:0   right
 L:1, R:0   right
 L:1, R:0   right
```

6-1-3. 자동차 움직임 추가하여 라인트레이서 완성하기

실제 자동차를 움직이도록 하여 라인트레이서를 완성하도록 합니다.

6-1-3.py

```python
from machine import Pin
from machine import PWM
import time

line_left=Pin(35,Pin.IN)
line_right=Pin(34,Pin.IN)

MOTOR_L_F_R = Pin(32,Pin.OUT)
MOTOR_L_SPEED = PWM(Pin(33),freq=1000,duty=512)
MOTOR_L_SPEED.init(freq=1000, duty=0)

MOTOR_R_F_R = Pin(23,Pin.OUT)
MOTOR_R_SPEED = PWM(Pin(22),freq=1000,duty=512)
MOTOR_R_SPEED.init(freq=1000, duty=0)

def car_go(speed):
    MOTOR_L_F_R.value(0)
    MOTOR_L_SPEED.duty(speed)
    MOTOR_R_F_R.value(1)
    MOTOR_R_SPEED.duty(speed)

def car_left(speed):
    MOTOR_L_F_R.value(1)
    MOTOR_L_SPEED.duty(0)
    MOTOR_R_F_R.value(1)
    MOTOR_R_SPEED.duty(speed)

def car_right(speed):
    MOTOR_L_F_R.value(0)
    MOTOR_L_SPEED.duty(speed)
    MOTOR_R_F_R.value(0)
    MOTOR_R_SPEED.duty(0)

try:
    while True:
        line_left_value = line_left.value()
        line_right_value = line_right.value()

        if(line_left_value ==0 and line_right_value ==1):
            car_left(512)
        elif(line_left_value ==1 and line_right_value ==0):
            car_right(512)
        else:
            car_go(512)

except KeyboardInterrupt:
    MOTOR_L_SPEED.duty(0)
    MOTOR_L_SPEED.deinit()
    MOTOR_R_SPEED.duty(0)
    MOTOR_R_SPEED.deinit()
```

코드 설명

39~40: 왼쪽 센서가 검은색(0)이고 오른쪽 센서가 흰색(1)일 때 자동차가 왼쪽으로 회전하도록 설정합니다.

41~42: 왼쪽 센서가 흰색(1)이고 오른쪽 센서가 검은색(0)일 때 자동차가 오른쪽으로 회전하도록 설정합니다.

43~44: 두 센서 모두 흰색(1)일 때 자동차가 직진하도록 설정합니다.

코드를 자동 실행하기 위해서 main.py이름으로 Micropython 장치에 저장합니다.

[파일] -> [...(으)로 저장]을 클릭합니다.

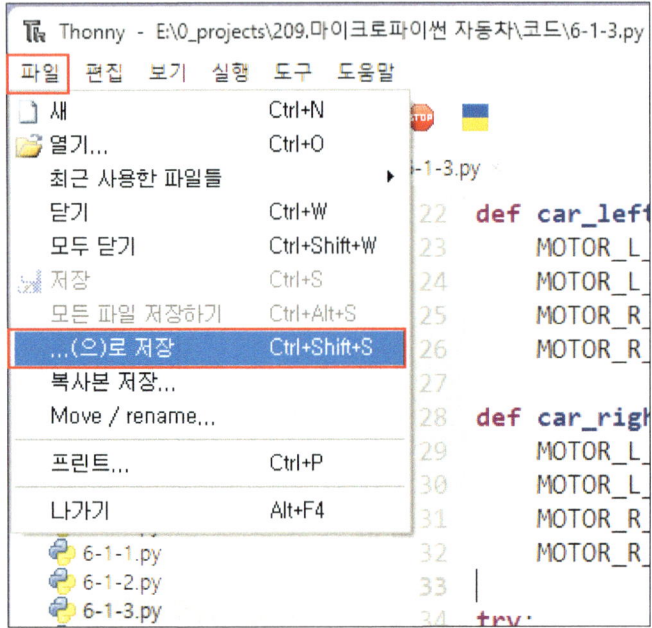

MicroPython 장치를 선택합니다.

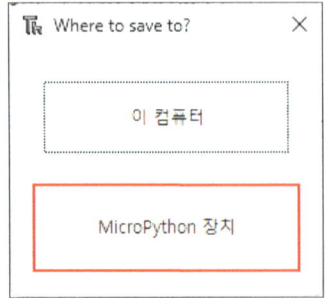

main.py이름으로 저장합니다.

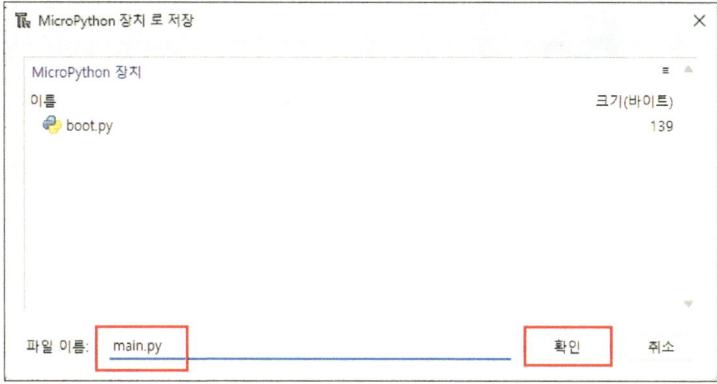

MicroPython 장치에 main.py 이름으로 저장되었습니다.

USB 케이블을 분리 후 라인트레이서 트랙에 위치하여 전원을 켠 다음 라인트레이서 동작을 확인합니다.

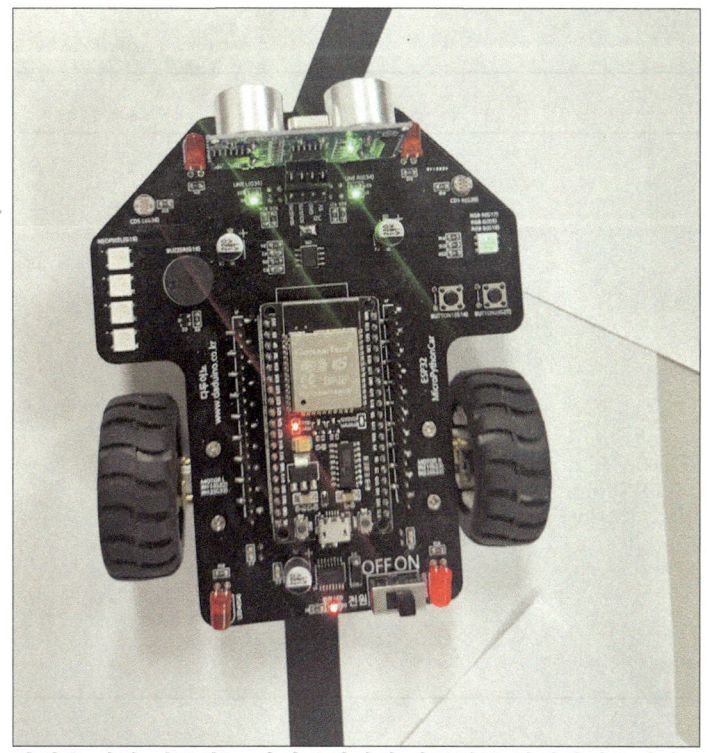

라인을 따라 이동하는 라인트레이서 자동차를 완성하였습니다.

6-2

빛을 따라가는 자동차 만들기

빛을 따라가는 자동차는 주변의 빛의 세기를 감지하여 밝은 방향으로 이동하는 로봇입니다. CDS(광센서)를 사용해 빛의 강도를 측정하고, 모터를 제어하여 빛이 강한 방향으로 움직이도록 설계합니다. 이 프로젝트는 센서를 활용한 환경 인식과 동작 제어의 원리를 배우기에 적합합니다.

6-2-1. 왼쪽, 오른쪽 CDS 조도 센서값 확인하기

왼쪽 오른쪽 조도 센서값을 확인하는 코드를 작성합니다.

```python
# 6-2-1.py
from machine import Pin, ADC, PWM
import time

cds_left=ADC(Pin(36))
cds_left.atten(ADC.ATTN_11DB)
cds_right=ADC(Pin(39))
cds_right.atten(ADC.ATTN_11DB)

try:
    while True:
        cds_left_value = cds_left.read()
        cds_right_value = cds_right.read()
        print(cds_left_value,cds_right_value)
        
        time.sleep(0.1)
        
except KeyboardInterrupt:
    pass
```

코드 설명

11: 왼쪽 CDS 센서 값을 읽어와 변수 cds_left_value에 저장합니다.

12: 오른쪽 CDS 센서 값을 읽어와 변수 cds_right_value에 저장합니다.

13: 읽어온 두 CDS 값을 출력합니다.

[▶] 현재 스크립트 실행(F5) 아이콘을 클릭하여 코드를 실행합니다.

양쪽 조도 센서를 측정하여 값을 출력합니다.

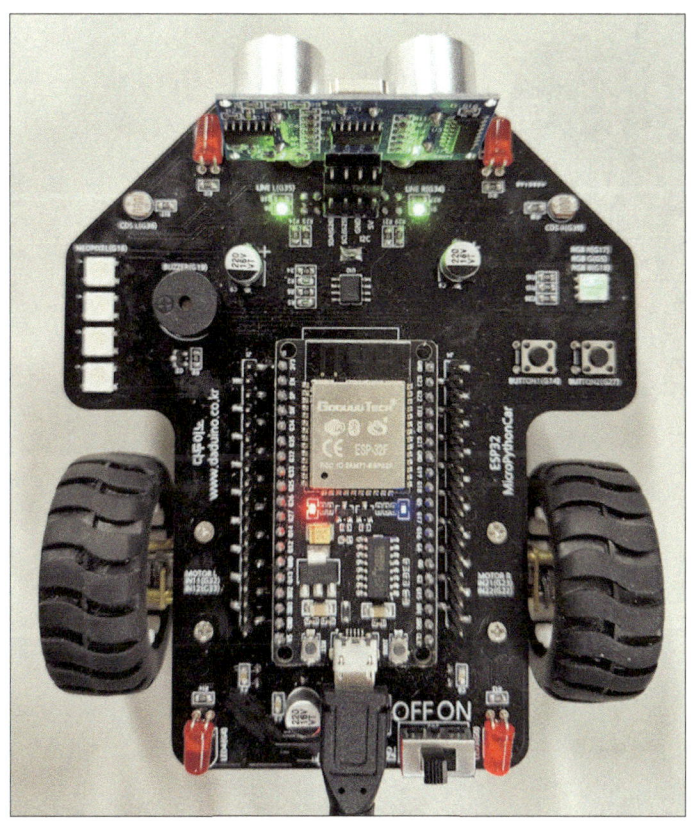

조도 센서의 값이 출력되었습니다.

```
쉘
  2638 2089
  2646 2089
  2661 2096
  2672 2107
  2681 2113
  2688 2121
  2690 2123
  2691 2127
  2695 2128
```

왼쪽 센서를 손으로 가려 값을 측정합니다.

왼쪽 센서의 값이 작아졌습니다.

```
202  2000
233  1991
176  1999
208  2007
 34  2018
197  2026
190  2029
176  2032
144  2037
```

오른쪽 센서를 손으로 가려 값을 측정합니다.

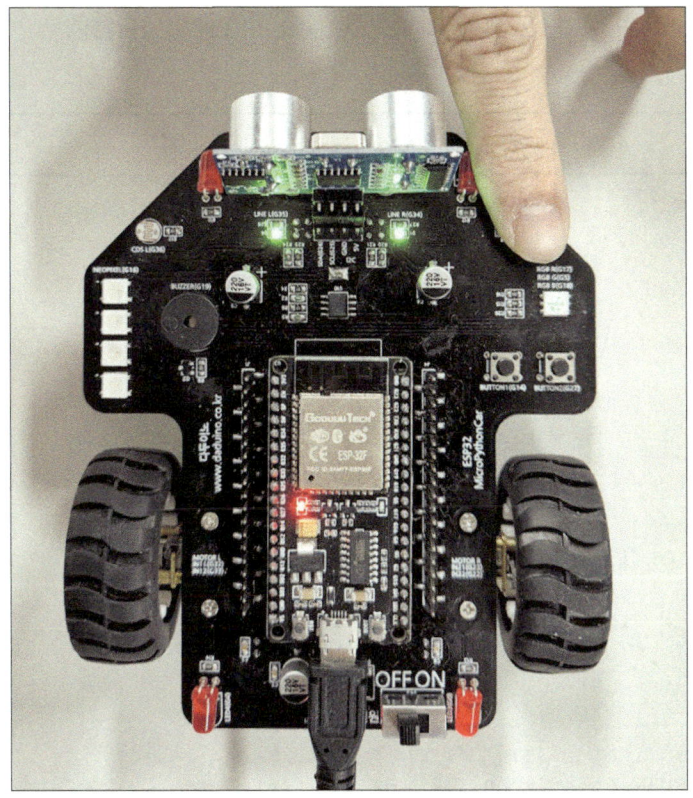

오른쪽 센서의 값이 작아졌습니다.

```
쉘
 1890 257
 1968 213
 2201 235
 2239 227
 2267 282
 2326 256
 2387 303
 2434 319
 2422 290
```

6-2-2. 왼쪽, 오른쪽 CDS 조도 센서 offset 제거하기

왼쪽 오른쪽 센서의 offset을 설정하여 조도 센서의 값을 0에 가깝도록 맞추는 코드를 작성합니다.

6-2-2.py

```python
from machine import Pin, ADC, PWM
import time

cds_left=ADC(Pin(36))
cds_left.atten(ADC.ATTN_11DB)
cds_right=ADC(Pin(39))
cds_right.atten(ADC.ATTN_11DB)

cds_left_avg =0
cds_right_avg =0
for i in range(10):
    cds_left_avg += cds_left.read()
    cds_right_avg += cds_right.read()

cds_left_avg =int(cds_left_avg/10)
cds_right_avg =int(cds_right_avg/10)

try:
    while True:
        cds_left_value = cds_left.read() - cds_left_avg
        cds_right_value = cds_right.read() - cds_right_avg
        print(cds_left_value,cds_right_value)

        time.sleep(0.1)

except  KeyboardInterrupt:
    pass
```

코드 설명

09~16: CDS 센서의 초기 평균값을 계산하여 보정값으로 사용합니다.

09~10: 왼쪽(cds_left_avg)과 오른쪽(cds_right_avg) CDS 평균값을 저장할 변수를 초기화합니다.

11~13: 각 센서를 10번 읽어 합산합니다.

15~16: 합산된 값을 10으로 나누어 평균값을 계산하고 정수로 변환하여 저장합니다.

18~24: try 블록 내에서 센서 값을 보정하여 출력합니다.

20: 왼쪽 CDS 값을 읽은 후 평균값(cds_left_avg)을 빼서 보정된 값을 계산합니다.

21: 오른쪽 CDS 값을 읽은 후 평균값(cds_right_avg)을 빼서 보정된 값을 계산합니다.

22: 보정된 왼쪽, 오른쪽 CDS 값을 출력합니다.

24: 0.1초의 지연 시간을 둡니다.

[▶] 현재 스크립트 실행(F5) 아이콘을 클릭하여 코드를 실행합니다.

코드를 실행한 위치의 빛을 10번 측정하여 평균값을 구해 조도 센서의 값이 0에 가깝도록 offset 값을 설정하였습니다.

0에 가까운 값이 출력됩니다.

```
셸
  0  0
 -3 -2
 -2  0
  1  0
  0  0
 -1 -4
 -3 -2
 -2 -4
 -1 -2
  0 -2
 -1 -2
```

스마트폰의 손전등이나, 일반 손전등을 이용하여 왼쪽 센서에 밝은 빛을 비추었습니다.

왼쪽 센서의 값이 커졌습니다.

```
셸
 1346  32
 1331 -84
 1306  19
 1314  19
 1348  19
 1367  21
 1369  26
 1370  30
 1366  29
 1359  32
```

오른쪽 센서에 밝은 빛을 비추었습니다.

오른쪽 센서의 값이 커졌습니다.

```
셸
 -163 1641
 -183 1608
 -140 1605
 -171 1632
 -186 1635
 -200 1642
 -194 1608
 -188 1578
 -185 1586
 -191 1603
 -204 1624
```

6-2-3. 왼쪽, 오른쪽 센서의 값에 따라서 이동 방향 결정하기

왼쪽 오른쪽 센서의 값에 따라서 조건을 설정하여 이동 방향을 결정하는 코드를 작성합니다.

6-2-3.py

```python
01  from machine import Pin, ADC, PWM
02  import time
03
04  cds_left=ADC(Pin(36))
05  cds_left.atten(ADC.ATTN_11DB)
06  cds_right=ADC(Pin(39))
07  cds_right.atten(ADC.ATTN_11DB)
08
09  cds_left_avg =0
10  cds_right_avg =0
11  for i in range(10):
12      cds_left_avg += cds_left.read()
13      cds_right_avg += cds_right.read()
14
15  cds_left_avg =int(cds_left_avg/10)
16  cds_right_avg =int(cds_right_avg/10)
17
18  try:
19      while True:
20          cds_left_value = cds_left.read() - cds_left_avg
21          cds_right_value = cds_right.read() - cds_right_avg
22          print(cds_left_value,cds_right_value,end="")
23          if(cds_left_value >=200 and cds_right_value >=200):
24              print(" go")
25          elif(cds_left_value >=400):
26              print(" left turn")
27          elif(cds_right_value >=400):
28              print(" right turn")
29          else:
30              print(" stop")
31          time.sleep(0.1)
32
33  except KeyboardInterrupt:
34      pass
```

코드 설명

23~24: 왼쪽과 오른쪽 값이 모두 200 이상이면 "go"를 출력합니다.

25~26: 왼쪽 값이 400 이상이면 "left turn"를 출력합니다.

27~28: 오른쪽 값이 400 이상이면 "right turn"를 출력합니다.

29~30: 위 조건에 해당하지 않으면 "stop"을 출력합니다.

[▶] **현재 스크립트 실행(F5) 아이콘을 클릭하여 코드를 실행합니다.**

빛을 비추지 않았을 때는 어느 조건에도 만족하지 않습니다.

멈춰있는 상태입니다.

```
쉘
 32 68   stop
 32 68   stop
 32 68   stop
 29 65   stop
 24 56   stop
 23 56   stop
  1 55   stop
  1 56   stop
  1 56   stop
  1 62   stop
```

앞쪽에 빛을 비추어 봅니다.

자동차는 직진상태의 조건에 만족합니다.

```
351  1242   go
343  1220   go
332  1179   go
322  1161   go
306  1099   go
287  1011   go
293  1000   go
312  1049   go
331  1098   go
321  1102   go
300  1098   go
```

왼쪽 센서에 빛을 비추어 봅니다.

왼쪽으로 이동하는 조건에 만족합니다.

```
쉘
 1300 64   left turn
 1313 54   left turn
 1303 47   left turn
 1312 41   left turn
 1317 41   left turn
 1311 39   left turn
 1308 30   left turn
 1304 32   left turn
 1310 36   left turn
 1304 40   left turn
 1297 43   left turn
```

오른쪽 센서에 빛을 비추어 봅니다.

오른쪽으로 이동하는 조건에 만족합니다.

```
 -383 1374  right turn
 -356 1367  right turn
 -312 1385  right turn
 -323 1445  right turn
 -366 1471  right turn
 -407 1455  right turn
 -435 1430  right turn
 -447 1433  right turn
 -475 1413  right turn
 -497 1385  right turn
 -496 1370  right turn
 -479 1367  right turn
```

6-2-4. 자동차 움직여 빛을 따라가는 자동차 완성하기

실제 자동차를 움직이는 코드를 넣어 빛을 따라가는 자동차를 완성해 보도록 합니다.

6-2-4.py

```python
from machine import Pin, ADC, PWM
import time

cds_left=ADC(Pin(36))
cds_left.atten(ADC.ATTN_11DB)
cds_right=ADC(Pin(39))
cds_right.atten(ADC.ATTN_11DB)

MOTOR_L_F_R = Pin(32,Pin.OUT)
MOTOR_L_SPEED = PWM(Pin(33),freq=1000,duty=512)
MOTOR_L_SPEED.init(freq=1000, duty=0)

MOTOR_R_F_R = Pin(23,Pin.OUT)
MOTOR_R_SPEED = PWM(Pin(22),freq=1000,duty=512)
MOTOR_R_SPEED.init(freq=1000, duty=0)

def car_go(speed):
    MOTOR_L_F_R.value(0)
    MOTOR_L_SPEED.duty(speed)
    MOTOR_R_F_R.value(1)
    MOTOR_R_SPEED.duty(speed)

def car_left_turn(speed):
    MOTOR_L_F_R.value(1)
    MOTOR_L_SPEED.duty(speed)
    MOTOR_R_F_R.value(1)
    MOTOR_R_SPEED.duty(speed)

def car_right_turn(speed):
    MOTOR_L_F_R.value(0)
    MOTOR_L_SPEED.duty(speed)
    MOTOR_R_F_R.value(0)
    MOTOR_R_SPEED.duty(speed)

def car_stop():
    MOTOR_L_F_R.value(0)
    MOTOR_L_SPEED.duty(0)
    MOTOR_R_F_R.value(0)
    MOTOR_R_SPEED.duty(0)

cds_left_avg =0
cds_right_avg =0
for i in range(10):
    cds_left_avg += cds_left.read()
    cds_right_avg += cds_right.read()

cds_left_avg =int(cds_left_avg/10)
cds_right_avg =int(cds_right_avg/10)

try:
```

```
51      while True:
52          cds_left_value = cds_left.read() - cds_left_avg
53          cds_right_value = cds_right.read() - cds_right_avg
54          #print(cds_left_value,cds_right_value,end="")
55
56          if(cds_left_value >=200 and cds_right_value >=200):
57              car_go(512)
58          elif(cds_left_value >=400):
59              car_left_turn(512)
60          elif(cds_right_value >=400):
61              car_right_turn(512)
62          else:
63              car_stop()
64
65  except KeyboardInterrupt:
66      MOTOR_L_SPEED.duty(0)
67      MOTOR_L_SPEED.deinit()
68      MOTOR_R_SPEED.duty(0)
69      MOTOR_R_SPEED.deinit()
```

코드 설명

17~21: car_go(speed) 함수는 자동차가 직진하도록 설정합니다.

23~27: car_left_turn(speed) 함수는 자동차가 왼쪽으로 회전하도록 설정합니다.

29~33: car_right_turn(speed) 함수는 자동차가 오른쪽으로 회전하도록 설정합니다.

35~39: car_stop() 함수는 자동차를 정지하도록 설정합니다.

56~63: 센서 값에 따라 다음과 같이 동작을 제어합니다:

56~57: 왼쪽과 오른쪽 값이 모두 200 이상이면 직진합니다.

58~59: 왼쪽 값이 400 이상이면 왼쪽으로 회전합니다.

60~61: 오른쪽 값이 400 이상이면 오른쪽으로 회전합니다.

62~63: 위 조건에 해당하지 않으면 정지합니다.

코드를 자동 실행하기 위해서 main.py이름으로 Micropython 장치에 저장합니다.

[파일] -> [...(으)로 저장]을 클릭한다음 Micropython 장치에 main.py로 저장합니다.

자동차의 전원을 ON으로 한 다음 진행합니다.

빛을 정면, 왼쪽, 오른쪽에 비추어 빛을 따라가는 자동차를 완성하였습니다.

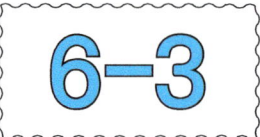

초음파 자율주행 자동차 만들기

초음파 자율주행은 초음파센서를 활용하여 주변 장애물을 감지하고 이를 회피하며 경로를 자동으로 결정하는 로봇입니다. 초음파센서로 거리 데이터를 측정하고, 장애물의 위치에 따라 정지, 회피, 직진 등의 동작을 수행하도록 설계합니다. 이 프로젝트는 센서를 통한 환경 탐지와 동작 제어 알고리즘의 실습에 유용합니다.

6-3-1. 초음파센서로 거리 측정하기
초음파센서를 이용하여 거리를 측정하는 코드를 작성해 봅니다.

6-3-1.py

```python
import machine
import time
from machine import Pin

trigger = Pin(21, mode=Pin.OUT, pull=None)
echo = Pin(13, mode=Pin.IN, pull=None)
trigger.value(0)

def get_distance_cm():
    trigger.value(0)
    time.sleep_us(5)
    trigger.value(1)
    time.sleep_us(10)
    trigger.value(0)

    pulse_time = machine.time_pulse_us(echo, 1, 30000)
    distance_cm = (pulse_time /2) /29.1
    if 2 <= distance_cm <=200:
        return distance_cm
    else:
```

```
21              return 0
22
23  try:
24      while True:
25          distance_cm = get_distance_cm()
26          if(distance_cm !=0):
27              print(distance_cm,"cm")
28          time.sleep(0.1)
29
30  except KeyboardInterrupt:
31      pass
```

코드 설명

25: get_distance_cm()을 호출하여 현재 거리를 측정합니다.

26~27: 측정값이 0이 아닐 경우 거리 값을 출력합니다.

[●] **현재 스크립트 실행(F5) 아이콘을 클릭하여 코드를 실행합니다.**

센서 앞을 손이나 물건으로 가려 거리를 측정합니다.

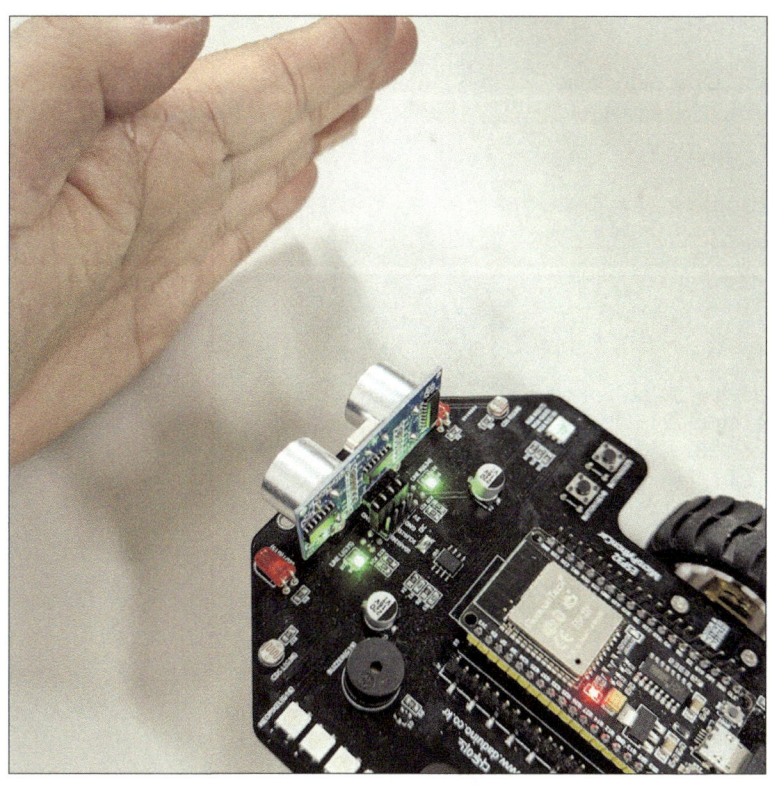

측정된 거리가 출력되었습니다.

```
6.52921 cm
6.52921 cm
6.546391 cm
6.546391 cm
6.52921 cm
6.52921 cm
6.546391 cm
5.223368 cm
5.24055 cm
5.24055 cm
5.24055 cm
6.52921 cm
```

6-3-2. 거릿값에 따라서 조건 설정하기

거리가 15cm 이하일 때 조건을 설정하여 충돌을 알리는 코드를 작성합니다.

6-3-2.py

```python
01  import machine
02  import time
03  from machine import Pin
04
05  trigger = Pin(21, mode=Pin.OUT, pull=None)
06  echo = Pin(13, mode=Pin.IN, pull=None)
07  trigger.value(0)
08
09  def get_distance_cm():
10      trigger.value(0)
11      time.sleep_us(5)
12      trigger.value(1)
13      time.sleep_us(10)
14      trigger.value(0)
15
16      pulse_time = machine.time_pulse_us(echo, 1, 30000)
17      distance_cm = (pulse_time /2) /29.1
18      if 2 <= distance_cm <=200:
19          return distance_cm
20      else:
21          return 0
22
23  try:
24      while True:
25          distance_cm = get_distance_cm()
26          if(distance_cm !=0):
27              #print(distance_cm,"cm")
28              if(distance_cm <=15):
29                  print("obstacle!!")
30              else:
31                  print("go")
32          time.sleep(0.1)
33
```

```
34    except KeyboardInterrupt:
35        pass
```

코드 설명

23~34: 초음파 센서를 사용하여 거리 데이터를 기반으로 장애물 감지를 수행합니다.

25: get_distance_cm() 함수로 현재 거리를 측정하여 distance_cm에 저장합니다.

26: 측정된 거리가 0이 아닐 경우(유효한 거리일 경우) 아래 조건을 확인합니다.

28~31: 거리 값에 따라 동작을 제어합니다:

28~29: 거리가 15cm 이하일 경우, "obstacle!!"을 출력하여 장애물이 가까이 있음을 알립니다.

30~31: 거리가 15cm 초과일 경우, "go"를 출력하여 진행 가능함을 알립니다.

[▶] 현재 스크립트 실행(F5) 아이콘을 클릭하여 코드를 실행합니다.

초음파센서로 측정한 거리가 15보다 클 때는 go를 출력합니다.

```
쉘
 go
 go
 go
 go
 go
 go
 go
 go
```

초음파센서로 측정한 거리가 15cm 이하일 때는 obstacle!!(충돌)을 출력합니다.

```
쉘
 obstacle!!
 obstacle!!
 obstacle!!
 obstacle!!
 obstacle!!
 obstacle!!
 obstacle!!
 obstacle!!
 obstacle!!
```

6-3-3. 자동차 움직여 초음파 자율주행 자동차 만들기

자동차를 움직이다가 앞에 장애물을 만나면 피해서 움직이는 자율주행 자동차를 완성하도록 합니다.

6-3-3.py

```python
import machine
import time
from machine import Pin, PWM

trigger = Pin(21, mode=Pin.OUT, pull=None)
echo = Pin(13, mode=Pin.IN, pull=None)
trigger.value(0)

MOTOR_L_F_R = Pin(32,Pin.OUT)
MOTOR_L_SPEED = PWM(Pin(33),freq=1000,duty=512)
MOTOR_L_SPEED.init(freq=1000, duty=0)

MOTOR_R_F_R = Pin(23,Pin.OUT)
MOTOR_R_SPEED = PWM(Pin(22),freq=1000,duty=512)
MOTOR_R_SPEED.init(freq=1000, duty=0)

def car_go(speed):
    MOTOR_L_F_R.value(0)
    MOTOR_L_SPEED.duty(speed)
    MOTOR_R_F_R.value(1)
    MOTOR_R_SPEED.duty(speed)

def car_back(speed):
    MOTOR_L_F_R.value(1)
    MOTOR_L_SPEED.duty(speed)
    MOTOR_R_F_R.value(0)
    MOTOR_R_SPEED.duty(speed)

def car_left_turn(speed):
    MOTOR_L_F_R.value(1)
    MOTOR_L_SPEED.duty(speed)
    MOTOR_R_F_R.value(1)
    MOTOR_R_SPEED.duty(speed)

def car_right_turn(speed):
    MOTOR_L_F_R.value(0)
    MOTOR_L_SPEED.duty(speed)
    MOTOR_R_F_R.value(0)
    MOTOR_R_SPEED.duty(speed)

def car_stop():
    MOTOR_L_F_R.value(0)
    MOTOR_L_SPEED.duty(0)
    MOTOR_R_F_R.value(0)
    MOTOR_R_SPEED.duty(0)

def get_distance_cm():
    trigger.value(0)
    time.sleep_us(5)
    trigger.value(1)
```

```
51          time.sleep_us(10)
52          trigger.value(0)
53
54          pulse_time = machine.time_pulse_us(echo, 1, 30000)
55          distance_cm = (pulse_time /2) /29.1
56          if 2 <= distance_cm <=200:
57              return distance_cm
58          else:
59              return 0
60
61  try:
62      while True:
63          distance_cm = get_distance_cm()
64          if(distance_cm !=0):
65              if(distance_cm <=15):
66                  car_stop()
67                  time.sleep(0.5)
68                  car_back(512)
69                  time.sleep(1.0)
70                  car_right_turn(512)
71                  time.sleep(2.0)
72              else:
73                  car_go(512)
74
75  except KeyboardInterrupt:
76      MOTOR_L_SPEED.duty(0)
77      MOTOR_L_SPEED.deinit()
78      MOTOR_R_SPEED.duty(0)
79      MOTOR_R_SPEED.deinit()
```

코드 설명

65~71: 거리가 15cm 이하일 때 장애물을 피하기 위한 일련의 동작을 수행합니다:

66: car_stop() 함수로 자동차를 정지시킵니다.

67: 0.5초 동안 대기하여 정지 상태를 유지합니다.

68: car_back(512) 함수로 자동차를 후진합니다. (속도: 512)

69: 1초 동안 후진 상태를 유지합니다.

70: car_right_turn(512) 함수로 자동차를 오른쪽으로 회전합니다.

71: 2초 동안 회전 상태를 유지하여 장애물을 우회합니다.

72~73: 거리가 15cm 초과일 경우, car_go(512) 함수로 자동차가 직진하도록 설정합니다.

코드를 자동 실행하기 위해서 main.py이름으로 Micropython 장치에 저장합니다.

초음파센서를 이용한 장애물을 피해가는 자율주행 자동차를 완성하였습니다.